# CATÉGORIES
# DE L'INTERPRÉTATION

## ORGANON I et II

# DU MÊME AUTEUR
## À la même librairie

**BIBLIOTHÈQUE DES TEXTES PHILOSOPHIQUES**

Fondateur H. GOUHIER          Directeur J.-F. COURTINE

# ARISTOTE

# CATÉGORIES
# DE L'INTERPRÉTATION

## ORGANON I et II

Introduction, traduction, notes et lexique

par

**Jules TRICOT**

PARIS

LIBRAIRIE PHILOSOPHIQUE J. VRIN

6, Place de la Sorbonne, V ͤ

2014

© *Librairie Philosophique J. VRIN*, 2008

*Imprimé en France*

ISSN 0249-7972

ISBN 978-2-7116-0016-8

*www.vrin.fr*

# INTRODUCTION

On désigne sous le nom d'*Organon* (ὄργανον, instrument) l'ensemble des traités qu'Aristote a consacrés à la Logique, ou, plus exactement (car le terme de « Logique » est d'usage postérieur) à l'Analytique, considérée comme une propédeutique à la Science.

Ces traités, dont nous entreprenons la traduction, sont au nombre de cinq : les *Catégories* (κατηγορίαι, *Categoriae*), le traité *de l'Interprétation* (περὶ ἑρμηνείας, *Hermeneutica, de Interpretatione*), les *Premiers Analytiques* (τὰ πρότεδα ἀναλυτικά, *Analytica priora*), les *Seconds Analytiques* (τὰ ὕστερα ἀναλυτικά, *Analytica posteriora*), les *Topiques* (τὰ τοπικά, *Topica*) et la *Réfutation des arguments sophistiques* (περὶ τῶν σοφιστικῶν ἐλέγχων, *de Sophisticis elenchis*).

Le présent volume contient les *Catégories* et *de l'Interprétation*.

Le traité des *Catégories* a pour objet l'étude du terme et des différents genres de l'Être. C'est un ouvrage élémentaire, destiné manifestement aux débutants, et dont la doctrine est moins élaborée que le livre Δ de la Métaphysique, qui le complète et le rectifie sur plusieurs points. Son attribution à Aristote, dont il constitue vraisemblablement le premier ouvrage rentrant dans le groupe des écrits *acroamatiques*, n'est pas douteuse et son authenticité n'est généralement pas discutée. Les particularités de doctrine, de style et de grammaire que certains critiques ont fait valoir à l'encontre de l'opinion presque unanime des commentateurs anciens et modernes, sont loin d'être décisives, surtout si l'on tient compte de la jeunesse de l'auteur et aussi de sa négligence habituelle. Aristote renvoie d'ailleurs à plusieurs reprises, dans ses œuvres, sinon au titre même, du moins au contenu du traité. Le fond aussi bien que la forme portent la marque du Stagirite.

Le problème est plus délicat en ce qui concerne les cinq derniers chapitres qui traitent des *postprédicaments*, et qui émanent peut-être d'une main étrangère. Mais en admettant, ce qui est loin d'être établi, qu'ils ne soient pas d'Aristote lui-même, ils ont en tout cas pour auteur les premiers Scolarques qui lui ont succédé à la tête du *Lycée*, soit Théophraste, soit Eudème, et ils expriment fidèlement sa pensée.

Le traité *de l'Interprétation* fait suite aux *Catégories* et prépare les *Analytiques*. Son authenticité, qui est aujourd'hui généralement reconnue, a été longtemps discutée. Andronicus, premier éditeur d'Aristote, le rejetait déjà pour la raison qu'on ne trouverait aucune allusion à ce traité dans les autres ouvrages du Stagirite. Pourtant son attribution est certaine. Alexandre d'Aphrodise (*In Prior. Anal.*, 367, 12 Wallies) n'en doutait pas, et une étude attentive de la pensée et de la langue ne peut que confirmer cette manière de voir. Le chapitre 9, où se trouve exposée la célèbre théorie des futurs contingents, peut donner à cet égard des indications particulièrement précieuses. Beaucoup de critiques [1], frappés des allusions contenues dans ce chapitre aux doctrines des Mégariques et de la forme mûrie et achevée de l'exposition, n'hésitent pas à déclarer que le *de Interpretatione* doit être chronologiquement rattaché aux derniers ouvrages d'Aristote, lequel, en tout cas, l'aurait remanié pour répondre aux thèses d'Eubulide de Mégare sur la contingence des futurs. Quoi qu'il en soit, il est incontestable que l'argumentation développée, tant dans le chapitre 9 lui-même que dans les autres, est de la meilleure veine d'Aristote. Le problème de la consécution des modales, par exemple, est posé et résolu au chapitre 13, avec toute la maîtrise de l'auteur.

D'autres considérations, d'ordre externe, militent encore en faveur de l'authenticité de l'ouvrage. On les trouvera résumées et défendues dans le livre de J. Chevalier, *La Notion du Nécessaire*, p. 269 à 274. Nous ne pouvons qu'y renvoyer le lecteur.

Notre conclusion est donc que l'authenticité des *Catégories* et de l'*Hermeneia* ne saurait raisonnablement être mise en doute.

Quant à la traduction que nous présentons aujourd'hui des deux premiers traités de l'*Organon*, nous avons peu de chose à

---

1. Voir J. Chevalier, *La Notion du Nécessaire chez Aristote et chez ses prédécesseurs*, p. 269.

en dire. Comme dans la *Métaphysique*, le *de Generatione et Corruptione* et le *de Anima*, nous avons délibérément écarté toute interprétation personnelle. Nous nous sommes attaché à traduire aussi exactement que possible le texte d'Aristote. Dans les passages délicats et difficiles (et ils sont nombreux, surtout dans le traité *de l'Interprétation*), nous nous sommes continuellement reporté aux commentaires anciens et modernes, et nous nous sommes borné à opérer, le cas échéant, un choix entre plusieurs interprétations.

Ces commentaires sont, au surplus, de valeur inégale, et nous avons dû faire une discrimination. Parmi les commentateurs grecs, édités par les soins de l'Académie de Berlin, nous avons utilisé surtout, pour les *Catégories*, Simplicius, Ammonius et Philopon, et, pour l'*Hermeneia*, Ammonius. Les commentateurs latins, notamment saint Thomas, Pacius et Waitz, nous ont été aussi d'un grand secours. Enfin, nous avons fait notre profit d'études plus générales, à la lumière desquelles nous avons éclairci nombre de difficultés. Une bibliographie assez abondante et des indications concises jetées çà et là dans nos notes permettront au lecteur de se faire une idée plus précise et plus approfondie des problèmes et des solutions de la logique aristotélicienne.

Jules Tricot

# BIBLIOGRAPHIE

## TEXTES

La présente traduction a été faite sur les textes suivants :

*Aristotelis Opera*, E. Bekker (éd.), Berlin 1831, texte grec, 2 vol. [La pagination de Bekker figure en marge].

*Aristotelis Organon graece*, Th. Waitz (*cum commentario*) (éd.), Leipzig, 1844-1846, 2 vol.

[Nous avons utilisé de préférence le texte de Waitz sauf dans un certain nombre de passages où nous avons préféré la leçon de Bekker; les principales variantes ont été indiquées dans les notes.]

## COMMENTAIRES GRECS ET LATINS

AMMONIUS, *In Porphyrii Isagogen, sive V voces*, A. Busse (éd.), Berlin, 1891 (Coli. Acad., IV, 3).

– *In Aristotelis Categorias commentarius*, A. Busse (éd.), Berlin, 1895 (Coll. Acad., IV, 4).

– *In Aristotelis de Interpretatione commentarius*, A. Busse (éd.), Berlin, 1897 (Coll. Acad., IV, 5).

DAVID, *Prolegomena et in Porphyrii Isagogen Commentarium*, A. Busse (éd.), Berlin, 1904 (Coll. Acad., XVIII, 2).

DEXIPPE, *In Aristotelis Categorias commentarium*, A. Busse (éd.), Berlin, 1888 (Coll. Acad., IV, 2).

ELIAS, *In Porphyrii Isagogen et Aristotelis categorias commentaria*, A. Busse (éd.), Berlin, 1900 (Coll. Acad., XVIII, 1).

ETIENNE, *In librum Aristotelis de Interpretatione commentarium*, M. Hayduck (éd.), Berlin, 1885 (Coll. Acad., XVIII, 3).

OLYMPIODORE, *Prolegomena et in Categorias commentarium*, A. Busse (éd.), Berlin, 1902 (Coll. Acad., XII, 1).

PHILOPON [*olim* AMMONIUS], *In Aristotelis Categorias commentarium*, A. Busse (éd.), Berlin, 1898 (Coll. Acad., XIII, 1).

PORPHYRE, *Isagoge*, avec *Introductio Categorias a Boethio translata*, et *In Aristotelis Categorias expositio per interrogantem et responsionem*, A. Busse (éd.), Berlin, 1887 (Coll. Acad., IV, 1).

SIMPLICIUS, *In Aristotelis Categorias commentarium*, C. Kalbfleisch (éd.), Berlin, 1907 (Coll. Acad., VIII).

[SOPHONIAS], *Anonymi in Aristotelis Categorias Paraphrasis*, M. Hayduck (éd.), Berlin, 1883 (Coll. Acad., XXIII, 2).

SAINT ALBERT LE GRAND, *Omnia opera*, t. I, Paris, 1890. – *Logica. Liber de Praedicabilibus, liber de Praedicamentis . Liber Perihermenias.*

SAINT THOMAS d'AQUIN, *Opera omnia*, I. *Commentarium in Perihermenias*, Rome, 1882 (édition léonine avec les notes de Zigliara).

– *Opera omnia*, t. XXII, *In Aristotelis Stagiritae libros nonnullos commentaria, Perihermenias seu de Interpretatione*, Fretté (éd.),

Paris, 1875 [ouvrage inachevé ; à partir de II, l. III, le commentaire est de Cajetan].

PACIUS Julius, *Aristotelis Stagiritae... Organum*, Morgiis, 1584 [édition originale] : texte, traduction et notes marginales.

– *In Porphyrii Isagogen et Aristotelis organum Commentarius analyticus*, Aureliae Allobrogum, 1605.

WAITZ Th., (Voir ci-dessus.)

[Nous avons utilisé abondamment Pacius. Pour simplifier les références, nous avons désigné par « I » le premier de ces ouvrages, et par « II » le *Commentaire analytique*.]

## PRINCIPAUX OUVRAGES CONSULTÉS

BONITZ H., *Index artistotelicus*, Berlin, 1870, t. V de l'édition Bekker.

BOUTROUX É., « Aristote », dans *Études d'Histoire de la Philosophie*, Paris, 1897.

CHEVALIER J., *La notion du Nécessaire chez Aristote et chez ses prédécesseurs*, Paris, 1915.

EDGHILL E. M., *The Works of Aristotle*, I, Oxford, 1928 (traduction anglaise des *Catégories* et du *de Interpretatione*).

FONSECA P., *Institutionum dialecticarum libri octo*, Fribourg-en-Brisgau, 1591.

GOBLOT E., *Traité de Logique*, 4e éd., Paris, 1925.

GREDT J., *Elementa Philosophiae aristotelico-thomisticae*, 2 vol., 5e éd., Fribourg-en-Brisgau, 1929.

HAMELIN O., *Le Système d'Aristote*, Paris, 1920.

HAMILTON W., *Fragments de Philosophie*, trad. fr. Peisse, Paris, 1864.

JAEGER W., *Aristoteles*, Berlin, 1923.

JEAN de SAINT-THOMAS, *Cursus philosophicus*, t. I, *Logica*, Vivès (éd.), Paris, 1883.

LALANDE A., *Vocabulaire philosophique*, 3 vol., 4ᵉ éd., Paris, 1932.

MATER H., *Syllogistik des Aristoteles*, 3 vol., Tubingue, 1896-1900.

MANSION A., « La Genèse de l'œuvre d'Aristote, d'après les travaux récents », dans *Revue néo-scolastique de Philosophie*, 1927, p. 307-341, 423-466.

– *Bulletin de littérature aristotélique*, 1928, p. 82-116, et années suivantes.

MARITAIN J., *Petite logique*, 6ᵉ éd., Paris, 1923.

PIAT Cl., *Aristote*, 2ᵉ éd., Paris, 1912.

PRANTL K., *Geschichte der Logik im Abendlande*, I, Leipzig, 1855.

RABIER E. et LACHELIER J., *Logique*, Paris, 1886.

RAMUS, *Aristotelicae animadversiones*, Paris, 1543.

RAVAISSON F., *Essai sur la Métaphysique d'Aristote*, 2 vol., 2ᵉ éd., Paris, 1913.

RITTER et PRELLER, *Historia Philosophiae Graecae*, 9ᵉ éd., Gotha, 1913.

ROBIN L., *La Théorie Platonicienne des Idées et des Nombres d'après Aristote*, Paris, 1908.

– *La pensée grecque*, Paris, 1923.

RONDELET A., *Théorie logique des Propositions modales*, Paris, 1861.

ROSS W. D., *Aristote*, trad. fr., Paris, 1929.

TRENDELENBURG F., *Elementa logices aristotelae*, 9ᵉ éd., Berlin, 1892.

TRICOT J., *Traité de logique formelle*, Paris, 1930.

# CATÉGORIES

## [*CATEGORIAE*]

# 1

## < Homonymes, synonymes et paronymes >

On appelle *homonymes*[1] les choses dont le nom seul est commun, tandis que la notion[2] désignée par ce nom est diverse. Par exemple, *animal* est aussi bien un homme réel qu'un homme en peinture; ces deux choses n'ont en effet de commun que le nom, alors que la notion désignée par le nom est différente. Car si on veut rendre compte[3] en quoi chacune

---

1. Les ὁμώνυμα sont les choses homonymes, équivoques, qui n'ont de commun que le nom, sans aucun caractère essentiel commun, par exemple (*Éth. Nic.*, V, 1, 1179 *a* 30) κλείς, qui désigne une clef ou la clavicule. Cf. Bonitz, *Index arist.*, 514 *a* 40, Robin, *La théorie platonicienne*, p. 606, n. 26, et p. 125, n. 150-VII. – L. 2, 4, 6 et 9, avec plusieurs commentateurs et notamment Waitz, I, 269, nous ôtons τῆς οὐσίας, et, l. 6, κατὰ τοὔνομα.

2. Le λόγος est le concept, l'essence de la chose dans l'esprit, la pensée d'une chose. Ce terme présente à la fois un sens logique et ontologique, et il désigne tant l'objet même que son expression intelligible. Par suite, c'est aussi la définition de la chose ramassée dans un seul mot. Cf. Bonitz, *Index arist.*, 433 *b*.

3. ἀποδιδόναι *proprie est reddere, unde ex suum cuique tribuendi significatione facile orta est declarandi vis; nihil enim est aliud, quam logice nam cuique naturam reddere* (Trendel., *Elementa...*, 143).

d'elles réalise l'essence d'animal[1], c'est une définition propre
5 à l'une et à l'autre qu'on devra donner.

D'autre part, *synonyme*[2] se dit de ce qui a à la fois commu-
nauté de nom et identité de notion. Par exemple, l'animal est à
la fois l'homme et le bœuf; en effet, non seulement l'homme et
le bœuf sont appelés du nom commun d'animal, mais leur
10 définition est la même, car si on veut rendre compte de ce
qu'est la définition de chacun d'eux, en quoi chacun d'eux
réalise l'essence d'animal, c'est la même définition qu'on
devra donner.

Enfin, on appelle *paronymes*[3] les choses qui, différant
d'une autre par le « cas »[4], reçoivent leur appellation d'après
15 son nom : ainsi de grammaire vient grammairien, et de
courage, homme courageux.

---

1. τὸ… εἶναι avec un nom au datif, signifie la quiddité, l'essence de la
chose (Cf. Waitz, I, 271).

2. À ὁμώνυμον s'oppose συνώνυμον. Les συνώνυμα, les choses *synonymes*, *univoques*, sont identiques en nature et en nom. – Chez Platon, le sens de
ces expressions était différent. Cf. *Parménide*, 133 a; *Timée*, 52 a.

3. παρώνυμα, *denominativa*. Sur les paronymes, cf. Simplicius, *in
Aristote Categ. comm.*, 37, 1 et ss., qui remarque justement que ce sont des
intermédiaires entre les homonymes et les synonymes et qu'ils participent de
l'un et de l'autre.

Nous rappelons, une fois pour toutes, que nos références des Commentateurs grecs sont celles de l'Édition de l'Académie de Berlin (voir notre
*bibliographie*).

4. Sur la définition de πτῶσις, cas au sens grammatical, cf. *Poet.*, 20,
1457 a 18.

## 2
### < Des différentes expressions >

Parmi les expressions, les unes se disent selon une liaison[1], et les autres, sans liaison. Les unes sont selon une liaison : par exemple, *l'homme court*, *l'homme est vainqueur*; les autres sont sans liaison : par exemple, *homme*, *bœuf*, *court*, *est vainqueur*.

Parmi les êtres, les uns sont affirmés d'un sujet, tout en **20** n'étant dans aucun sujet[2] : par exemple, *homme* est affirmé d'un sujet, savoir d'un certain homme, mais il n'est dans aucun sujet. D'autres[3] sont dans un sujet, mais ne sont affirmés d'aucun sujet (par *dans un sujet*[4], j'entends ce qui, ne se trouvant pas dans un sujet comme sa partie, ne peut être séparé de ce en quoi il est) : par exemple, une certaine science gram- **25** maticale existe dans un sujet, savoir dans l'âme, mais elle n'est affirmée d'aucun sujet; et une certaine blancheur existe dans un sujet, savoir dans le corps (car toute couleur est dans un

---

1. συμπλοκή... *inter se contextorum significat nexum* (Trendel., *Elementa*, 58). On trouve ce terme déjà dans Platon, *Théétète*, 202 *b*, *Sophiste*, 282 *c*. Cf. aussi *de Anima*, III, 8, 432 *a* 11.

2. L'universel, substance seconde (cf. chap. 5 *infra*) n'est pas dans un sujet, car c'est une substance et non un accident, mais il est prédicat d'un sujet d'un individu, en sa qualité d'universel. – τὸ ὑποκείμενον désigne le sujet, le substrat, siège des contraires; il peut être soit la matière, soit la forme, soit le σύνολον.

3. L'accident particulier est dans un sujet, en sa qualité d'accident, mais, étant particulier, il n'est pas prédicat d'un sujet, tout prédicat étant nécessairement général. Exemple : telle science grammaticale, telle blancheur.

4. Définition de l'accident. L'accident doit 1) être dans un sujet; 2) ne pas dire seulement une partie du tout, comme l'âme ou la main, par exemple, est une partie de l'homme; 3) être inhérent au sujet et ne pouvoir exister sans lui : le blanc, par exemple, n'existe pas indépendamment du corps.

corps), et pourtant elle n'est affirmée d'aucun sujet. D'autres
1 *b* êtres[1] sont à la fois affirmés d'un sujet et dans un sujet : par
exemple, la Science est dans un sujet, savoir dans l'âme, et elle
est aussi affirmée d'un sujet, la grammaire. D'autres êtres
enfin[2] ne sont ni dans un sujet, ni affirmés d'un sujet, par
5 exemple *cet homme, ce cheval*, car aucun être de cette nature
n'est dans un sujet, ni affirmé d'un sujet. – Et, absolument
parlant, les individus et ce qui est numériquement un ne sont
jamais affirmés d'un sujet[3]; pour certains[4] toutefois rien
n'empêche qu'ils ne soient dans un sujet, car une certaine
science grammaticale est dans un sujet [mais n'est affirmée
d'aucun sujet[5]].

### 3
#### < Le prédicat du prédicat – Genres et espèces >

10      Quand une chose est attribuée à une autre comme à son
sujet, tout ce qui est affirmé du prédicat devra être aussi
affirmé du sujet : par exemple, *homme* est attribué à l'homme

---

1. L'accident universel (la Science) est dans un sujet, l'homme, en qualité
d'accident, et il est aussi, comme universel, prédicat d'un sujet, savoir de telle
ou telle grammaire.

2. Aristote vise ici la substance individuelle, la τοδέ τί. C'est la substance
première, proprement dite qui n'est ni dans un sujet, car c'est une substance, ni
prédicat d'un sujet, car elle est individuelle.

3. La substance première n'est jamais prédicat en raison de sa singularité.

4. Les accidents particuliers.

5. Supprimé par Waitz, I, 277. – Sur la figuration des différents êtres, cf. les
ingénieux tableaux de Pacius, I, 38.

Nous rappelons que, dans un but de simplification, l'ouvrage de Pacius
désigné par « I » est son *Aristotelis Organum*, texte, traduction latine et notes
marginales latines. Le *Commentarius analyticus* du même auteur est désigné
par « II ».

individuel, et, d'autre part, *animal* est attribué à *homme*; donc à l'homme individuel on devra aussi attribuer *animal*, car l'homme individuel est à la fois homme et animal.                    **15**

Si les genres sont différents[1] et non subordonnés les uns aux autres, leurs différences seront elles-mêmes autres spécifiquement. Soit *animal* et *science*; *pédestre* et *bipède*, *ailé* et *aquatique* sont des différences d'*animal*. Or aucune de ces différences n'est une différence pour *science*, car une science ne se différencie pas d'une science par le fait d'être bipède. **20** – Par contre, dans les genres subordonnés les uns aux autres, rien n'empêche que leurs différences soient les mêmes, car les genres plus élevés sont prédicats des genres moins élevés, de sorte que toutes les différences du prédicat seront aussi des différences du sujet.

## 4
### < Les Catégories >

Les expressions sans aucune liaison signifient[2] la sub- **25** stance, la quantité, la qualité, la relation, le lieu, le temps,

1. Sur le genre (γένος) et l'espèce (εἶδος), cf. *Métaph.*, Δ, 28. – Sur la différence spécifique (διαφορὰ), Simplicius, 55, 15, remarque que ἀντὶ τοῦ ὅλου εἴδους ἡ διαφορὰ λέγεται, ὥσπερ τὸ ἀθάνατον καὶ θνητὸν ἀντὶ θεῶν καὶ ἀνθρώπων. – L. 16, il faut lire, avec Waitz et les meilleurs commentateurs τῶν ἑτέρων γενῶν.

2. Les Catégories sont, pour Aristote, les genres les plus généraux de l'Être; ce sont des notions irréductibles entre elles, et irréductibles à un universel suprême et unique. L'Être et l'Un ne sont pas, en effet, des catégories supérieures, car ils n'ont aucun contenu. (Cf. *Métaph.*, B, 3, 998 *b* 21).

La déduction des catégories aristotéliciennes n'est nullement grammaticale, contrairement à la thèse exposée par Trendel., *Elementa*, p. 56 et *ss.*

la position, la possession, l'action, la passion. – Est substance,
pour le dire en un mot[1], par exemple, *homme*, *cheval*; quantité,
par exemple, *long-de-deux-coudées*, *long-de-trois-coudées*;
qualité: *blanc*, *grammairien*; relation: *double, moitié, plus*
2 a *grand*; lieu: *dans le Lycée, au Forum*; temps: *hier, l'an*
*dernier*; position: *il est couché, il est assis*; possession: *il est*
*chaussé, il est armé*; action: *il coupe, il brûle*; passion: *il est*
*coupé, il est brûlé*.

Aucun de ces termes en lui-même et par lui-même
5 n'affirme, ni ne nie rien; c'est seulement par la liaison de ces
termes entre eux que se produit l'affirmation ou la négation.
En effet, toute affirmation et toute négation est, semble-t-il
bien[2], vraie ou fausse, tandis que pour des expressions sans

---

Selon cet auteur, *quae quattuor genera primo loco collocata sunt, ea si*
*grammaticas orationis partes comparaveris, substantiva una cum adjectivis et*
*numeralibus complectantur, quae quattuor postremo loco ea verborum genera,*
*quae interjecta sunt, adverbiorum naturam referunt*. Ainsi οὐσία serait le
substantif, ποιόν l'adjectif, ποσόν le nombre, πρός τι les formes comparatives
et relatives, etc. *Ita*, conclut Trendel., *Aristoteles categoriarum genera ex*
*grammaticis fere orationis rationibus invenisse videtur*. En fait il semble bien
que la détermination des catégories soit empirique. La liste des catégories est
d'ailleurs légèrement différente dans *Top.*, I, 9, 103 b 22-23. Cf. Hamelin, *Le*
*Système d'Aristote*, p. 97 et *ss*.

   Sur le mot κατηγορεῖν, cf. Trendel., *Elementa*, 56: κατηγορεῖν *missa*
*accusandi potestate apud Aristotelem generalem referendi et enunciandi vim*
*tenet atque quae inest propositio* κατα *non « contra » sed « de » valet*. – La
traduction latine de κατηγορία est *predicamentum* (Boèce); τὰ κατηγορή-
ματα (*Phys.*, III, 1, 201 a 1; *Métaph.*, Z, 1, 1028 a 33, etc.) a le même sens.

   1. Sur l'expression ἐν τύπῳ, cf. Trendel., *Elementa*, p. 49 (le dérivé ὑπο
τυπώσεις signifie *elementa*). Voir aussi Pacius, I, 40, note b: *typus non est ipsa*
*res, sed imago rei*.

   2. δοκεῖ, δοκοῦντα *usurpatur de iis opinionibus quae communi hominum*
*consensu comprobantur* (Bonitz, *Index arist.*, 203 a 7).

aucune liaison il n'y a ni vrai ni faux : par exemple, *homme,*
*blanc, court, est vainqueur*[1].　　　　　　　　　　　　　　**10**

## 5
### < *La Substance* >

La substance[2], au sens le plus fondamental[3], premier et
principal du terme, c'est ce qui n'est ni affirmé d'un sujet, ni
dans un sujet : par exemple, l'homme individuel ou le cheval
individuel. Mais on appelle *substances secondes* les espèces
dans lesquelles les substances prises au sens premier sont **15**
contenues[4], et aux espèces il faut ajouter les genres de ces
espèces : par exemple, l'homme individuel rentre dans une
espèce, qui est l'homme, et le genre de cette espèce est l'animal. On désigne donc du nom de *secondes* ces dernières substances, savoir l'homme et l'animal. – Il est clair, d'après ce

1. Voir le *de Interpr.* pour le développement de ces indications.
2. Sur la substance (οὐσία), cf. aussi *Métaph.*, Δ, 8. De tout le début de ce
chapitre, il résulte que la *substance première* (πρώτη οὐσία) est l'individu (le
τόδε, le χωριστός). Dans d'autres passages (cf. notamment *de Interpr.*, 13, 23 *a*
24), Aristote désigne par *substance première* Dieu et les Intelligences séparées.
Le terme οὐσία est au surplus assez mal défini chez Aristote : il signifie
soit la matière, soit la forme, ou essence ou quiddité, soit surtout le σύνολον,
composé concret de matière et de forme. Cf. *de Anima*, II, 1, 412 a 7 ; *Métaph.*,
Z, 3, 1028 *b* 33, les livres H, Λ, 1-5 et *passim*. Cf. aussi Simplicius, 80, 15 et *ss.*
3. κυριώς, *proprie, principalement, fondamentalement*. Cf. Bonitz, *Index
arist.*, 415 *b* 34 et 416 *a* 56 : κυριώς *ipsam propriam ac primariam alicujus
vocabuli notionem ... significat*. Cf. aussi Trendel., *Arist. de Anima*, 310.
– πρώτως, *immédiatement, primitivement, au sens fondamental et premier*,
a pour synonymes κυριώς et ἁπλῶς (Bonitz, *Index arist.*, 652 *b* 33).
4. ὑπάρχειν. Sur ce verbe, cf. Trendel., *Elementa*, p. 63. – Les substances
premières sont contenues dans les substances secondes, non pas comme dans un
sujet à la façon des accidents, mais comme des particuliers dans les universels,
ou, suivant l'expression des logiciens, *ut partes subjectivae in toto attributivo.*

20 que nous avons dit, que le prédicat doit être affirmé du sujet
aussi bien pour le nom que pour la définition[1]. Par exemple,
*homme* est affirmé d'un sujet, savoir de l'homme individuel :
d'une part, le nom d'homme lui est attribué puisqu'on attribue
le nom d'homme à l'individu[2] ; d'autre part, la définition de
25 l'homme sera aussi attribuée à l'homme individuel, car l'homme individuel est à la fois homme et animal. Il en résulte donc
bien que nom et notion seront également attribués au sujet.
– Quant aux êtres qui sont dans un sujet[3], la plupart du temps ni
leur nom, ni leur définition ne sont attribués au sujet. Dans
certains cas cependant, rien n'empêche que le nom ne soit par-
30 fois attribué au sujet, mais pour la définition, c'est impossible :
par exemple, le blanc inhérent à un sujet, savoir le corps, est
attribué à ce sujet (car un corps est dit blanc), mais la définition
du blanc ne pourra jamais être attribuée au corps.

Tout le reste[4] ou bien est affirmé des substances premières
prises comme sujets, ou bien est dans ces sujets eux-mêmes.
35 Cela résulte manifestement des exemples particuliers qui se

---

1. Autrement dit, le prédicat doit être affirmé du sujet συνώνυμως, tant
selon le nom que selon la notion.

2. Le nom d'homme sert à désigner l'individu aussi bien que l'espèce.

3. Les accidents pris *in abstracto*. On n'attribue au sujet ni le nom, ni la
notion de tels accidents : la blancheur ou la noirceur inhérente à tel corps ne
donne à ce dernier ni son nom, ni sa définition, car le corps n'est pas blancheur,
ni noirceur. Il en est autrement pour les accidents *in concreto*, comme le blanc
ou le noir : leur nom, mais leur nom seul, peut être attribué au sujet ὁμώνυμως.

4. Tout le reste : tout ce qui n'est pas substance première. – Le raisonnement d'Aristote pour démontrer la primauté de la substance première (l. 34 *b* 6)
peut se ramener au syllogisme suivant : *Quod est subjectum omnium aliarum
rerum, sine eo aliae res esse non possunt ; atqui primae substantiae sunt subjectum omnium aliarum rerum ; ergo sine primis substantiis reliquae res esse
non possunt* (Pacius, II, 31).

présentent à nous. Voici par exemple le terme *animal*, qui est attribué à l'homme ; *animal* sera par suite attribué à l'homme individuel, car s'il ne l'était à aucun des hommes individuels, il ne le serait pas non plus à l'homme en général. Autre **2 b** exemple : la couleur est dans le corps ; elle est par suite aussi dans le corps individuel, car si elle n'était inhérente à aucun des corps individuels, elle ne le serait pas non plus au corps en général. Il en résulte que tout le reste ou bien est affirmé des substances premières prises comme sujets, ou bien est inhérent à ces sujets eux-mêmes. Faute donc par ces substances **5** premières d'exister, aucune autre chose ne pourrait exister.

Parmi les substances secondes[1], l'espèce est plus substance que le genre, car elle est plus proche de la substance première. En effet, si on veut rendre compte de la nature de la substance première, on en donnera une connaissance plus précise et plus appropriée en l'expliquant par l'espèce plutôt que **10** par le genre : c'est ainsi que pour rendre compte de l'homme individuel, on en donnerait une connaissance plus précise en disant que c'est un homme plutôt qu'en disant que c'est un animal, car le premier caractère est plus propre à l'homme individuel, tandis que le second est plus général. De même, pour faire comprendre la nature de tel arbre, on fournira une explication plus instructive en disant que c'est un arbre plutôt qu'en disant que c'est une plante. – De plus, les substances **15** premières, par le fait qu'elles sont le substrat de tout le reste et que tout le reste en est affirmé ou se trouve en elles, sont pour cela appelées substances par excellence. Et la façon dont les

---

1. Rapports de l'espèce au genre.

substances premières se comportent à l'égard de tout le reste
est aussi celle dont l'espèce se comporte à l'égard du genre.
20 L'espèce est, en effet, un substrat pour le genre[1], puisque si les
genres sont affirmés des espèces, les espèces ne sont pas, en
revanche, affirmées des genres[2]. Il en résulte que, pour ces
raisons également, l'espèce est plus substance que le genre.

Quant aux espèces elles-mêmes qui ne sont pas genres[3],
l'une n'est en rien plus substance que l'autre, car on ne rend
pas compte d'une façon plus appropriée en disant de l'homme
25 individuel qu'il est homme qu'en disant du cheval individuel
qu'il est cheval. C'est également le cas des substances premières, dont l'une n'est pas plus substance que l'autre, car
l'homme individuel n'est en rien plus substance que le bœuf
individuel.

C'est donc avec raison qu'à la suite des substances
premières, seuls de tout le reste les espèces et les genres sont
30 appelés substances secondes[4], car de tous les prédicats ils sont
les seuls à exprimer la substance première. Si, en effet, on veut
rendre compte de la nature de l'homme individuel et qu'on le
fasse par l'espèce ou par le genre, on donnera là une explication appropriée, qu'on rendrait plus précise encore en disant

---

1. Cf. Waitz, I, 286 : *ut ad primas substantias omnia referuntur (nam aut
de iis praedicantur aut in iis insunt), sic genera referuntur ad species; non
consistunt enim nisi per has.*

2. *Cum generibus non reciprocantur* (Pacius, I, 42).

3. Rapport des espèces entre elles. Aristote entend parler de l'*infima
species* (ἄτομον εἶδος), qui est l'espèce dernière et indivisible en genre et
différences : l'homme n'est pas le genre des hommes.

4. Il y a des substances secondes, savoir les espèces et les genres, et il n'en
existe pas d'autres. Aristote va montrer que les accidents ne sauraient être
considérés comme substances troisièmes.

que c'est un homme plutôt qu'en disant que c'est un animal.
Par contre, assigner à l'homme toute autre détermination serait
rendre l'explication impropre : si on dit, par exemple, qu'il est 35
blanc ou qu'il court, ou n'importe quoi de cette sorte. Il en
résulte que c'est avec raison que, seules de tout le reste, ces
notions-là sont appelées des substances. Autre argument[1] : les
substances premières, par le fait qu'elles sont le substrat de
tout le reste, sont appelées, au sens le plus propre du mot, des
substances. Or la relation des substances premières à tout ce 3 *a*
qui n'est pas elles est aussi celle des espèces et des genres à
l'égard de tout le reste, car c'est des espèces et des genres que
tout le reste est affirmé. Dire, en effet, que l'homme individuel
est grammairien, c'est dire, par voie de conséquence, que 5
l'homme et l'animal sont aussi grammairien. Et il en est de
même dans tous les autres cas.

Le caractère commun à toute substance[2], c'est de n'être
pas dans un sujet. La substance première, elle, n'est pas, en
effet, dans un sujet et elle n'est pas non plus attribut d'un sujet.
– Quant aux substances secondes, il est clair, notamment pour

1. Autre argument pour démontrer qu'en dehors des substances premières,
seuls les espèces et les genres méritent le nom de substance. L'argument est le
suivant. Seul peut être appelé substance ce qui est semblable à la substance
première ; or seuls les genres et les espèces, à l'exclusion des accidents, sont
semblables aux substances premières, car ils sont les seuls à pouvoir, comme les
substances premières, servir de substrats aux accidents, puisque tout ce qu'on
affirme du sujet individuel (tel homme) on l'affirme aussi de l'espèce
(l'homme) et du genre (animal) dans lesquels il rentre. Cf. Waitz, I, 286, dont
l'exposé est très clair.

2. Aristote passe aux caractères de la substance. Premier caractère de la
substance (l. 7-32) : la substance n'est pas dans un sujet.

10 les raisons suivantes, qu'elles ne sont pas dans un sujet[1].
D'abord, en effet, l'homme est sans doute attribut d'un sujet,
savoir de l'homme individuel, mais il n'est pas dans un sujet,
car l'homme n'est pas une partie de l'homme individuel.
Même remarque pour l'animal, qui est bien attribut d'un sujet,
savoir de l'homme individuel, mais qui, lui non plus, n'est pas
15 une partie de l'homme individuel. En outre, en ce qui concerne
les choses qui sont dans un sujet, rien n'empêche d'attribuer,
dans certains cas, leur nom au sujet lui-même, alors qu'il est
impossible de lui attribuer leur définition. Or, pour les substances secondes, ce qu'on peut attribuer au sujet c'est aussi
bien leur définition que leur nom : la définition de l'homme
est attribuée à l'homme individuel, et celle de l'animal l'est
20 aussi[2]. Il en résulte que la substance ne peut pas être au nombre
des choses qui sont dans un sujet. – Mais ce caractère n'est pas
particulier à la substance, car la différence, elle aussi, fait partie
des choses qui ne sont pas dans un sujet. En effet, le pédestre
et le bipède sont affirmés d'un sujet, savoir de l'homme,
mais ne sont pas dans un sujet, car le bipède et le pédestre ne
25 sont pas des parties de l'homme. En outre, la définition de la
différence est affirmée de ce dont la différence est elle-même
affirmée : par exemple, si le pédestre est affirmé de l'homme,
la définition du pédestre sera aussi affirmée de l'homme,
puisque l'homme est pédestre. – Ne soyons donc pas troublés[3]

---

1. La substance première n'est ni ἐν ὑποκειμένῳ, ni καθ' ὑποκειμένῳ.
La substance seconde est καθ' ὑποκειμένῳ, mais elle n'est pas non plus ἐν ὑπ.

2. L'homme, exemple de l'espèce ; l'animal, exemple du genre. Cf. chap. 2
*supra*.

3. Aristote va au-devant d'une objection. Si le caractère de toute substance
est de n'être pas ἐν ὑποκειμένῳ, les parties composantes d'un individu telles

du fait que les parties des substances sont dans le tout comme dans un sujet, avec la crainte de nous trouver alors dans la **30** nécessité d'admettre que ces parties ne sont pas des substances. Quand nous avons dit que les choses sont dans un sujet, nous n'avons pas entendu par là que c'est à la façon dont les parties sont contenues dans le tout.

Le caractère des substances < secondes[1] > aussi bien que des différences, c'est d'être dans tous les cas attribuées dans un sens synonyme, car toutes leurs prédications ont pour sujets **35** soit des individus, soit des espèces. Il est vrai que de la substance première ne découle aucune catégorie[2], puisqu'elle n'est elle-même affirmée d'aucun sujet. Mais, parmi les substances secondes, l'espèce est affirmée de l'individu, et le genre, à la fois de l'espèce et de l'individu. Il en est de même pour les différences, lesquelles sont affirmées, elles aussi, des **3 b** espèces et des individus. De plus, la définition des espèces et celle des genres s'appliquent aux substances premières, et celle du genre à l'espèce, car tout ce qui est dit du prédicat sera

---

que les mains ou les pieds, qui sont dans le sujet pris comme un tout, ne seraient donc pas des substances? Aristote renvoie à sa définition du chapitre 2 : « ce qui est dans un sujet » ne signifie nullement « ce qui appartient au tout en tant que partie ».

1. Second caractère de la substance (l. 33 *b* 9) : attribution συνώνυμως, laquelle ne s'applique pas aux substances premières, mais s'étend, par contre, aux différences. Aristote va démontrer cette univocité, dont il a précédemment donné la définition (cf. 1, 1 *a* 6, et aussi *Top.*, II, 2, 109 *b* 6), d'abord en ce qui concerne le nom de la substance (l. 34-39) et de la différence (l. *b* 1), puis la notion (l. *b* 2-7). – L. 34, nous lisons, avec Pacius et Bekker, ἀπ' αὐτῶν, et non, avec Waitz, I, 288, ἀπὸ τούτων.

2. *A qua nulla categoria derivatur, id a qua nihil fuit, quod praedicari possit : nam ne ipsa quidem praedicatur* (Waitz, I, 288).

**5** dit aussi du sujet[1]. De la même façon, la définition des différences s'applique aux espèces et aux individus. Mais sont synonymes, avons-nous dit[2], les choses dont le nom est commun et la notion identique. Il en résulte que dans tous les cas où, soit les substances, soit les différences sont prédicats, l'attribution se fait dans un sens synonyme.

**10**        Toute substance semble bien signifier un être déterminé[3]. En ce qui concerne les substances premières, il est incontestablement vrai qu'elles signifient un être déterminé, car la chose exprimée est un individu et une unité numérique. Pour les substances secondes, aussi, on pourrait croire, en raison de la forme même de leur appellation, qu'elles signifient un être déterminé, quand nous disons, par exemple, *homme* ou *ani-*
**15** *mal*. Et pourtant ce n'est pas exact : de telles expressions signifient plutôt une qualification, car le sujet n'est pas un comme dans le cas de la substance première ; en réalité, *homme* est attribué à une multiplicité, et *animal* également. – Cependant[4] ce n'est pas d'une façon absolue[5] que l'espèce et le genre signifient la qualité, comme le ferait, par exemple, le blanc (car le blanc ne signifie rien d'autre que la qualité), mais

---

1. Cf. *supra*, chap. 3, *init*.

2. Sur le sens de ἦν, cf. *Index arist.*, 220 *a* 45.

3. Troisième caractère de la substance (l. 10-23) : la substance est un τόδε τι, une chose déterminée, un individu concret et séparé, *hoc aliquid*. Plus précisément, le τόδε τι est la forme ou essence à laquelle il ne manque que d'être réalisée dans une matière pour devenir un individu réel (cf. Bonitz, *Index arist.*, 495 *b* 45).

4. Aristote répond ici à une objection qui tenterait de réduire les espèces et les genres aux accidents, attendu que la qualité est un accident (cf. Pacius, II, 33).

5. ἁπλῶς, absolument, sans faire de distinction.

ils déterminent la qualité par rapport à la substance : ce qu'ils **20** signifient, c'est une substance de telle qualité. La détermination a d'ailleurs une plus grande extension dans le cas du genre que dans le cas de l'espèce, car le terme *animal* embrasse un plus grand nombre d'êtres que le terme *homme*.

Un autre caractère des substances, c'est qu'elles n'ont aucun contraire[1]. En effet, si l'on considère la substance première, quel pourrait être son contraire, par exemple, pour **25** l'homme individuel ou pour l'animal individuel ? Il n'y a, en effet, aucun contraire ; il n'y a de contraire non plus ni pour l'homme, ni pour l'animal[2]. – Ce caractère n'est d'ailleurs pas spécial à la substance, mais il appartient aussi à beaucoup d'autres catégories, par exemple à la quantité. En effet, au *long-de-deux-coudées* ou au *long-de-trois-coudées* il n'y a rien de contraire, pas plus qu'au nombre dix, ni à aucun autre **30** terme de cette nature, à moins qu'on ne prétende[3] que le beaucoup est le contraire du peu, ou le grand, du petit. Mais, en fait, quand il s'agit de quantités déterminées, il n'y a jamais de contraire pour aucune d'entre elles.

En outre, il semble bien que la substance ne soit pas susceptible de plus et de moins[4]. J'entends par là, non pas qu'une substance ne puisse être plus ou moins substance

---

1. Quatrième caractère de la substance (l. 24-32) : elle n'admet pas la contrariété.

2. Pris comme espèce et comme genre.

3. Mais à tort, car le beaucoup et le peu, le grand et le petit sont des relatifs et ne sont ni des quantités, ni des contraires (cf. *infra*, chap. 6, 5 *b* 14 et *ss.*).

4. Cinquième caractère de la substance (l. 33-34 *a* 9) : la substance n'est pas susceptible de plus et de moins.

35 qu'une autre substance (car nous avons déjà établi[1] la réalité
de ce fait) mais que toute substance ne peut pas être dite plus ou
moins ce qu'elle est en elle-même; par exemple, cette sub-
stance-ci[2], cet homme-ci, ne sera pas plus ou moins homme
que lui-même[3] ou que quelque autre homme. En effet, un
4 *a* homme n'est pas plus homme qu'un autre, à la façon dont le
blanc est dit plus ou moins blanc qu'un autre blanc, et le beau
plus ou moins beau qu'un autre beau. Une seule et même chose
peut bien être dite plus ou moins qu'elle-même < de telle
qualité > : le corps, par exemple, s'il est blanc, peut être dit plus
blanc maintenant qu'auparavant, ou, s'il est chaud, plus ou
5 moins chaud; mais la substance, elle, n'est dite ni plus ni
moins ce qu'elle est : l'homme n'est pas dit plus homme maintenant qu'auparavant, pas plus d'ailleurs qu'aucune des autres
choses qui sont des substances. Ainsi donc, la substance n'est
pas susceptible de plus et de moins.

10     Mais ce qui, plus que tout, est le caractère propre de
la substance[4], c'est, semble-t-il bien, que tout en restant
identique et numériquement une, elle est apte à recevoir les

---

1. *Supra*, 2 *a* 11-*b* 22 : la substance première est plus substance que
l'espèce, et l'espèce plus substance que le genre. Il s'agit ici, précise Aristote,
non plus de comparer des substances entre elles, mais des substances en elles-
mêmes.

2. Nous lisons, avec Waitz, I, 290, αὕτη et non αὐτή.

3. Cf. Simplicius, 111, 27 : ὁ γὰρ ἄνθρωπος οὔτε ἄλλου ἀνθρώπου
μαλλον ανθρωπος οὔτε αὐτὸς ἑαυτοῦ, ἀλλ᾽ οὐδὲ ὁ Σωκράτης ἐν
Ἀκαδημίᾳ μᾶλλον Σωκράτης ἦν ἐν Δηλίῳ. Edghill précise « at some other
time ».

4. Sixième caractère de la substance (l. 10 *ad finem*) : la substance est un
δεκτικὸν τῶν ἐναντίων. Ce caractère est vrai non seulement des substances
premières, mais encore des espèces et des genres.

contraires. C'est ainsi que, parmi toutes les autres choses qui ne sont pas des substances, on serait dans l'incapacité de présenter une chose d'une nature telle que, tout en étant numériquement une, elle fût un réceptacle des contraires : par exemple, la couleur, qui est une et identique numériquement, ne peut pas être blanche et noire, pas plus qu'une action, iden- 15 tique et une numériquement, ne peut être bonne et mauvaise. Et il en est de même de toutes les autres choses qui ne sont pas des substances. Mais la substance, elle, tout en demeurant une et identique numériquement, n'en est pas moins apte à rece- voir les contraires : par exemple, l'homme individuel, tout en étant un et le même, est tantôt blanc et tantôt noir, tantôt chaud 20 et tantôt froid, tantôt bon et tantôt méchant. – Nulle part ailleurs ne se manifeste rien de semblable, à moins qu'on ne soulève une objection en prétendant que le jugement et l'opinion sont aptes à recevoir aussi les contraires. C'est qu'en effet la même expression peut sembler à la fois vraie et fausse : si, par exemple le jugement *tel homme est assis* est vrai, l'homme une 25 fois debout, ce même jugement sera faux. Il en serait de même pour l'opinion : si on a l'opinion vraie que tel homme est assis, quand l'homme sera debout on aura une opinion fausse en conservant la même opinion sur sa personne. – Mais, même si on admet cette objection, du moins y a-t-il une différence dans la façon de recevoir les contraires [1]. D'une part, en effet, en ce qui concerne les substances, c'est en changeant elles-mêmes qu'elles sont aptes à recevoir les contraires : ce qui était froid 30 est devenu chaud par un changement (c'est, en effet, une

1. Cf. Waitz, I, 291, qui expose bien l'argument.

altération), ce qui était blanc est devenu noir, et mauvais, bon.
Il en est de même pour toutes les autres substances : c'est en
éprouvant un changement que chacune d'elles est apte à recevoir les contraires. Par contre, en ce qui concerne le jugement
et l'opinion, en eux-mêmes ils demeurent absolument et de
35 toute façon inchangés : c'est par un changement dans l'objet
que le contraire survient en eux. En effet, le jugement *tel
homme est assis* demeure identique, et c'est suivant le chan-
4 *b* gement de l'objet qu'il est tantôt vrai et tantôt faux. Même
remarque au sujet de l'opinion. Ainsi, par la façon tout au
moins dont les choses se passent, le caractère particulier de la
substance serait son aptitude à recevoir les contraires par un
changement qui lui est propre. Admettre donc[1] que, par
5 exception, le jugement et l'opinion peuvent aussi recevoir
les contraires, c'est porter atteinte à la vérité : si, en effet, le
jugement et l'opinion peuvent être dits aptes à recevoir les
contraires, ce n'est pas qu'ils éprouvent eux-mêmes un changement, c'est par le fait que cette modification est survenue
dans un objet étranger. C'est, en effet, la réalité ou la non-
réalité de la chose qui rend le jugement vrai ou faux, et non pas
10 l'aptitude du jugement lui-même[2] à recevoir les contraires. En
un mot, il n'y a rien qui puisse apporter un changement[3] au
jugement ou à l'opinion ; ils ne peuvent donc être des récep-
tacles de contraires, puisque aucune modification ne peut sur-
venir en eux. Mais la substance, elle, comme c'est en elle-même

---

1. Avec Waitz, I, 291, nous lisons, l. 4, δή et non δέ. Contrairement à ce que
pense Pacius, II, 35, il s'agit toujours du même argument.

2. Nous lisons, contrairement à Waitz, I, 291, τῷ αὐτός δεκτικὸς εἶναι.

3. C'est-à-dire qui puisse altérer la nature du jugement ou de l'opinion.

qu'elle admet les contraires, elle peut être dite recevoir les contraires, puisqu'elle éprouve également la maladie et la santé, la blancheur et la noirceur. Et par le fait qu'elle éprouve 15 ainsi elle-même chacune des qualités de cette sorte, on peut dire qu'elle reçoit les contraires. C'est donc le caractère propre de la substance que d'être, tout en demeurant identique et une numériquement, un réceptacle de contraires par un changement dont elle est le sujet.

Nous en avons assez dit sur la substance.

## 6
### < La quantité >

La quantité[1] est soit discrète, soit continue. En outre, la 20 quantité est constituée soit de parties ayant entre elles une position l'une à l'égard de l'autre, soit de parties n'ayant pas de position l'une à l'égard de l'autre. – Exemples de quantité discrète : le nombre et le discours[2] ; de quantité continue : la ligne, la surface, le solide, et, en outre, le temps et le lieu.

En ce qui concerne les parties du nombre[3], il n'y a aucune 25 limite commune où les dites parties soient en contact. C'est ainsi que cinq étant une partie de dix, en aucune limite

---

1. Sur la quantité (ποσόν ποσότης), cf. aussi *Métaph.*, Δ, 13, où la quantité est définie (1020 *a* 7) «ce qui est divisible en deux ou plusieurs éléments intégrants dont chacun est par nature une chose une et déterminée ».

2. Le discours parlé (προφορικάς, *prolatus*) : cf. *infra*, 1. 34. Le mot λόγος a d'ailleurs ici un sens étendu et il englobe même le simple mot : cf. *de Interpr.*, 4, *init.*, et la note 1.

3. Première division de la quantité (1. 25-5 *a* 37): la quantité par essence, qui se divise d'abord en quantité discrète (1. 25-37) et quantité continue (1. 5 *a* 1-14).

commune cinq et cinq ne se touchent ; au contraire, ces deux cinq sont séparés. De même, trois et sept ne se rencontrent en aucune limite commune. Et, d'une manière générale, on ne
30 pourrait, dans un nombre, concevoir une limite commune entre ses parties, lesquelles sont en réalité toujours séparées. Le nombre est donc bien une quantité discrète. – De même aussi, le discours est une quantité discrète. Que le discours soit, en effet, une quantité, c'est l'évidence, puisqu'on le mesure en syllabes brèves ou longues. Je veux parler ici du discours même
35 qui est émis par la voix. < Il est, en outre, une quantité discrète >, car il n'y a aucune limite où ses parties soient en contact : il n'y a pas de limite commune où les syllabes se rencontrent, mais chacune d'elles est distincte en elle-même et par soi.

5 a     Quant à la ligne, c'est une quantité continue, car il est possible de concevoir une limite commune où ses parties se touchent : c'est le point ; et, pour la surface, c'est la ligne, car les parties de la surface se touchent aussi en une limite commune. Il en est de même pour le solide : on peut concevoir une
5 limite commune, ligne ou surface, où les parties du corps sont en contact. – Le temps et le lieu relèvent aussi de cette sorte de quantité. Le temps présent, en effet, tient à la fois au passé et au futur. À son tour, le lieu[1] est une quantité continue, car les parties d'un corps occupent un certain lieu, et ces parties, étant
10 en contact en une limite commune, il s'ensuit que les parties du lieu, qui sont occupées par chaque partie du corps, sont elles-mêmes en contact à la même limite commune que les parties

---

1. On sait que le lieu est, pour Aristote, « la limite immobile et immédiate du contenant » (*Phys.*, IV, 1 à 5, et notamment 4, 212 *a* 20). Il en résulte que si le corps est continu, le lieu l'est aussi.

du corps. Ainsi, le lieu est-il, lui aussi, continu, puisque, en une limite commune, ses parties sont en contact.

En outre[1], il y a des quantités qui sont constituées de 15 parties ayant entre elles une position réciproque, et d'autres quantités constituées de parties n'ayant pas de position réciproque. C'est ainsi que les parties de la ligne ont une position réciproque : chacune d'elles est située quelque part, on pourrait distinguer et établir la position de chacune dans la surface et dire à quelle partie du reste elle est contiguë. Pareillement 20 encore, les parties de la surface occupent une position, car on pourrait également établir la position de chacune d'elles et dire quelles parties sont contiguës entre elles. Pour les parties du solide, il en est de même, et aussi pour celles du lieu. – En ce qui concerne le nombre, au contraire, il ne serait pas possible de montrer que ses parties occupent une certaine position réciproque, ni qu'elles sont situées quelque part, ni d'établir 25 quelles parties sont contiguës entre elles. Pas davantage pour le temps, car aucune des parties du temps n'est permanente, et comment ce qui n'est pas permanent pourrait-il avoir une position ? En fait, il est préférable de dire[2] que les parties du temps ont un certain ordre, en vertu duquel l'une est antérieure et l'autre postérieure, remarque qui s'applique d'ailleurs au nombre : on compte un avant deux et deux avant trois, et de 30

---

1. Autre division de la quantité par essence : quantités dont les parties occupent ou non une position les unes par rapport aux autres (l. 15-37) : la ligne, la surface et le solide, d'une part, le nombre, le temps et le discours, d'autre part.

2. Le passé s'éteignant au fur et à mesure, le temps est une succession d'instants présents. On pourrait objecter cependant qu'on peut distinguer l'avant et l'après. Aristote répond que ce n'est pas là pour les parties une position, mais un ordre, et que c'est aussi le cas du nombre.

cette façon on peut dire que le nombre a une sorte d'ordre, bien qu'on ne puisse nullement lui accorder une position. Pour le discours, il en est de même : aucune de ses parties ne subsiste, mais, telle partie une fois prononcée, il n'est plus possible de la
35 ressaisir ; il en résulte que les parties du discours ne peuvent avoir de position, puisque rien n'en subsiste. Il y a ainsi des quantités qui sont constituées de parties ayant une position, et d'autres, de parties n'ayant pas de position.

Seules sont appelées quantités au sens propre les choses dont nous venons de parler ; tout le reste l'est seulement par accident[1]. C'est, en effet, en considération de ces quantités
5 b proprement dites que nous appelons les autres des quantités : ainsi on dit que le blanc est grand par le fait que la surface blanche est grande, et l'action, longue, ou le mouvement, long, par le fait que le temps < où ils se passent > est long, car ce n'est pas par leur essence même que chacune de ces déterminations est dite quantité. Si, par exemple, on veut rendre compte de la
5 longueur d'une action, on la définira par le temps, en répondant que l'action s'est passée en une année, ou quelque chose de semblable ; et pour rendre compte de la grandeur du blanc, on la définira par la surface, car c'est dans la mesure où la surface est grande que le blanc peut être dit grand. Ainsi donc, les seules quantités au sens propre et par essence sont celles dont nous avons parlé ; par contre, aucune autre chose n'est
10 quantité par soi, et, si elle est quantité[2], ce ne peut être que par accident.

---

1. Seconde division de la quantité (l. 37-b 10) : la quantité par accident.

2. Nous lisons, avec Bekker et Waitz, I, 294, ἀλλ' εἰ ἄρα, mais peut-être faudrait-il lire ἀλλ' ἢ ἄρα.

De plus, la quantité n'admet aucun contraire[1]. En ce qui concerne les quantités déterminées, il est manifeste qu'elles n'ont pas de contraire : tel est le cas du long-de-trois-coudées ou du long-de-deux-coudées, ou de la surface, ou de quelque autre quantité de cette sorte, pour qui, en effet, il n'existe pas de contraire. – Prétendra-t-on que le beaucoup est le contraire du peu, ou le grand, du petit ? Mais aucune de ces notions n'est 15 une quantité ; elles rentrent plutôt dans les relatifs[2], car rien, considéré en soi et par soi, n'est dit grand ou petit, mais seulement par le fait d'être rapporté à une autre chose. Par exemple, on dit qu'une montagne est petite, et un grain de mil grand, du fait que le grain de mil est plus grand que d'autres choses de même genre, et la montagne plus petite aussi que d'autres choses de même genre. Nous sommes ainsi en présence d'une 20 relation à une autre chose, puisque s'il était question du petit ou du grand par soi, on ne pourrait jamais dire qu'une montagne est petite, ni un grain de mil, grand. Autre exemple : nous disons que, dans un village, il y a beaucoup d'habitants et qu'à Athènes il y en a peu, bien que la population d'Athènes soit en fait beaucoup plus nombreuse. Nous disons encore qu'une maison contient beaucoup de monde et un théâtre peu, et pour- 25 tant dans ce dernier lieu, il y en a bien davantage. De même, le

---

1. Aristote passe aux propriétés de la quantité. Première propriété : la quantité n'a pas de contraire (l. 14-6 *a* 18), qu'il s'agisse de quantités déterminées (long-de-deux-coudées) ou de quantités indéterminées (beaucoup, peu). Aristote va démontrer longuement (l. 14-6 *a* 11) que, contrairement aux apparences, les quantités indéterminées n'ont pas de contraires.

2. Premier argument pour démontrer que les quantités indéterminées n'admettent pas la contrariété : ce sont des *relata*, non des *quanta*, aussi bien le beaucoup et le peu (l. 15-25) que le grand et le petit (l. 26-29).

long-de-deux-coudées, le long-de-trois-coudées et toute grandeur de cette sorte expriment une quantité, tandis que le grand
ou le petit n'exprime pas une quantité, mais plutôt une relation,
puisque c'est par rapport à une autre chose que l'on considère
le grand et le petit. Il est ainsi manifeste que ces derniers
30 termes sont aussi des relatifs. De plus[1], que nous reconnais-
sions ou non ces termes pour des quantités, ils n'ont de toute
façon aucun contraire, car ce qu'on ne peut saisir en soi et par
soi, mais qu'on peut seulement rapporter à une autre chose,
comment pourrait-on lui donner un contraire? En outre[2], si
l'on veut que le grand et le petit soient des contraires, il en
résultera que le même sujet peut recevoir en même temps les
contraires, et aussi que les choses sont à elles-mêmes leurs
35 propres contraires. Il arrive, en effet, parfois que la même
chose est en même temps grande et petite, puisque petite rela-
tivement à tel objet une même chose est grande relative-
ment à tel autre; par suite, il pourra se faire que la même chose
soit en même temps grande et petite, et, par voie de conséquence, qu'elle reçoive simultanément les contraires. Or, rien,
6 a de l'avis général, n'admet simultanément les contraires, ainsi
que nous l'avons vu pour la substance : si la substance est apte
à recevoir les contraires, du moins n'est-ce pas simultanément
qu'on est malade et bien portant. De même rien n'est à la fois
blanc et noir, et rien de ce qui existe par ailleurs n'admet non

---

1. Deuxième argument (l. 30-33).
2. Troisième argument. Deux conséquences absurdes : deux contraires
appartiendraient en même temps au même sujet (l. 35-6 a 4), puisque, ainsi que
nous l'avons vu, une chose peut être à la fois, par exemple, grande et petite, et
(autre conséquence absurde) une chose serait à elle-même son propre contraire
(l. 4-11).

plus la coexistence des contraires. De plus, il arrivera que les choses seront à elles-mêmes leurs propres contraires. En effet, **5** si le grand est le contraire du petit, et si la chose est en même temps grande et petite, une même chose[1] sera contraire à elle-même. Or il est impossible qu'une même chose soit contraire à elle-même. Donc le grand n'est pas le contraire du petit, ni le beaucoup, du peu. Il en résulte que, même si on prétend que ces termes ne sont pas des relatifs mais des quantités, ils ne **10** posséderont pour autant aucun contraire.

Mais c'est surtout dans le cas du lieu[2] que la contrariété offre l'apparence d'appartenir à la quantité. On définit, en effet, le haut comme le contraire du bas, appelant bas la région centrale parce que la distance maxima est celle du centre aux **15** extrémités de l'Univers[3]. Il semble même que c'est de ces contraires qu'on tire la définition de tous les autres contraires, puisque les termes qui, dans le même genre, sont éloignés l'un de l'autre par la plus grande distance, sont définis comme des contraires[4].

---

1. C'est-à-dire le grand ou le petit. – Aristote ne veut pas dire que le sujet, réceptacle des contraires, sera contraire à lui-même : ce sont les qualités (le grand, le petit) qui seront contraires à elles-mêmes. Cf. la note de Edghill, *ad loc.*
2. Autre objection à la thèse que la quantité n'a pas de contraire (l. 12-18) : dans le lieu, qui est une espèce de la quantité, on distingue le haut et le bas, le droit et le gauche…
3. Cf. notamment *de Coelo*, I, 2, 268 *b* 21 : λέγω δ'ἄνω μέν τὴν ἀπὸ τοῦ μέσου (*id.* κίνησιν), κάτω δέ τὴν ἐπὶ τὸ μέσον.
4. Aristote veut dire que les contraires ayant rapport au lieu sont les contraires primitifs dont tous les autres découlent : ce qui le prouve c'est que la définition de toute espèce de contraire a un caractère spatial puisque les contraires sont « les termes qui, dans un même genre, sont les plus *éloignés* l'un

Il ne semble pas que la quantité soit susceptible de plus et
20 de moins[1]. Tel est le cas du long-de-deux-coudées : une chose
longue de deux coudées n'est pas plus longue qu'une autre
< de deux coudées >. Il n'en est pas autrement en ce qui
concerne le nombre : par exemple, trois n'est pas plus trois que
cinq n'est cinq, ni trois plus trois qu'un autre trois[2] ; on ne dit
pas qu'un temps est plus temps qu'un autre temps. Et de toutes
les quantités que nous avons énumérées, il n'y en a absolument
aucune à laquelle le plus et le moins puissent être attribués.
25 J'en conclus que la quantité n'est pas susceptible de plus et
de moins.

Mais ce qui, plus que tout, est le caractère propre de la
quantité[3], c'est qu'on peut lui attribuer l'égal et l'inégal. De
chacune des quantités dont nous avons parlé, on dit en effet
qu'elle est égale ou inégale : on dit d'un solide, par exemple,
qu'il est égal ou inégal à un autre, du nombre qu'il est égal et
30 inégal, du temps qu'il est égal et inégal. Il en est de même pour
toutes les autres quantités que nous avons mentionnées et dont
chacune peut se voir attribuer l'égal et l'inégal. En revanche,
toutes les autres déterminations qui ne sont pas des quantités
ne peuvent d'aucune façon, semble-t-il bien, être affirmées

---

de l'autre ». – Quant à l'objection elle-même, Aristote se contente de signaler
son caractère spécieux. En fait elle est réfutée par ce qui a été dit précédemment : les déterminations du lieu ne sont pas des quantités, mais des relatifs.

1. Seconde propriété de la quantité (tout le paragraphe) : elle n'admet ni le
plus ni le moins.

2. Texte de Waitz.

3. Troisième et dernière propriété (*ad finem*) : la quantité admet l'égal et
l'inégal.

égales et inégales : la disposition[1], par exemple, ne peut absolument pas être qualifiée d'égale ou d'inégale, mais plutôt de semblable < et de dissemblable > ; le blanc ne peut d'aucune façon non plus être dit égal et inégal, mais semblable < et dissemblable >. Ce qui est par-dessus tout le caractère le plus propre de la quantité, c'est donc bien qu'on peut lui attribuer 35 l'égal et l'inégal.

# 7
## < La relation >

On appelle *relatives* ces choses dont tout l'être consiste en ce qu'elles sont dites dépendre d'autres choses, ou se rapporter de quelque autre façon à autre chose[2] : par exemple, le *plus grand*[3] est ce dont tout l'être consiste à être dit d'une autre chose, car c'est *de* quelque chose qu'il est dit plus grand ; et le

---

1. διάθεσις signifie une disposition passagère (maladie, chaleur, refroidissement), par opposition ἕξις manière d'être, état habituel (science, vertu) et à πάθος, affection superficielle. Cf. Ps-Alex., *in Métaph. comm.,* 642, 23-26 Hayduck, et aussi le chap. 8, *infra.*

2. Tout l'être du relatif (πρός τί consiste dans sa relation. Cf. saint Thomas, *Sum. Theol.,* I, XXVIII, art. 1 : *quae dicuntur ad aliquid, significant, secundum propriam rationem, solum respectum ad aliud.* – Le relatif « dépend d'autres choses » comme une terme dépend de son génitif : *pater est filii pater, dominus est servi dominus.* Il peut encore dépendre d'une chose « de quelque autre façon », c'est-à-dire d'un cas autre que le génitif, le datif par exemple (*aequale est aequali aequale*) ou l'accusatif (*verberans verberatum verberat*) ou l'ablatif, tout au moins en latin (*majus est minore majus*) ou même abstraction faite de tout cas (le grand est grand par rapport au petit). Ces distinctions grammaticales sont évidemment inapplicables en français.

Sur les relatifs, cf. aussi *Métaph.,* Δ, 15, et de nombreux passages. Hamelin, *Le Système d'Aristote,* p. 104-105, donne un bon résumé du présent chapitre.

3. μεῖζον gouverne le génitif.

double est ce dont tout l'être est d'être dit d'une autre chose,
**6 b** car c'est *de* quelque chose qu'il est dit le double; et il en est de
même pour toutes les autres relations de ce genre. – Sont aussi
des relatifs des termes tels que état, disposition, sensation,
science, position[1]. Pour tous ces termes, leur être consiste en
ce qu'ils sont dits dépendre d'autre chose et rien d'autre : ainsi
l'état est dit état de quelque chose, la science, science de
**5** quelque chose, la position, position de quelque chose, et ainsi
de suite. Sont donc des relatifs les termes dont l'essence est
d'être dits dépendre d'autres choses ou se rapporter de quelque
autre façon à une autre chose. Ainsi, une montagne est dite
grande par rapport à autre chose, car c'est par relation à une
chose que la montagne est appelée grande; le semblable est dit
**10** semblable à quelque chose, et les autres termes de même nature
sont dits également par relation à quelque chose. – J'ajoute que
le coucher[2], la station droite ou assise sont des positions
déterminées, et la position elle-même est un relatif; par contre,
être couché, être debout, être assis ne sont pas en eux-mêmes
des positions, mais ne font que tirer leur nom, comme
paronymes, des positions que nous venons d'énumérer.

---

1. L'état, la science, etc. ne sont des relatifs que s'ils sont pris en général,
comme des genres; s'ils sont pris *particulariter*, ce sont des qualités. La
science, par exemple, est science de quelque chose, mais on ne peut le dire
d'une science déterminée : la grammaire n'est pas grammaire de quelque chose.
Cf. *infra*, 8, 11 *a* 20.

2. Aristote précise sa pensée : seule la position en général est un relatif
(cf. note précédente), les positions déterminées rentrant dans une catégorie
différente. – Sur la distinction qui suit entre le verbe et le nom correspondant, et
qui est d'ailleurs contestable, cf. Pacius, II, 40-41.

Les relatifs peuvent avoir des contraires[1] : par exemple, la **15** vertu est le contraire du vice, tous deux étant des relatifs, et la science est contraire à l'ignorance. – Cependant tous les relatifs n'ont pas de contraires : au double n'est opposé aucun contraire, ni au triple, ni à aucun terme de ce genre.

Il semble bien encore que les relatifs admettent le plus et le **20** moins[2]. En effet, le semblable et le dissemblable se disent selon le plus et le moins, l'égal et l'inégal se disent aussi selon le plus et le moins, et ce sont là des relatifs, car le semblable est dit semblable à quelque chose, et le dissemblable, dissemblable de quelque chose. – Pourtant, là encore, tous les relatifs ne sont pas susceptibles de plus et de moins : on ne dit pas du **25** double qu'il est plus ou moins double, et pas davantage d'aucun terme de cette sorte[3].

1. Première propriété des relatifs : ils admettraient la contrariété. En fait c'est là une propriété apparente, et Aristote a déjà pris position contre cette thèse, 5 *b* 32. Il en démontre ici l'insuffisance par l'exemple du double et du triple. Il aurait pu ajouter que le vice et la vertu, la science et l'ignorance qui sont essentiellement des *habitus*, ne sont des relatifs que *secundum dici* : ils ont une nature propre indépendante de la relation même qui constitue tout l'être des relatifs *secundum esse* (cf. Pacius, II, 41). Au surplus, la propriété d'avoir un contraire ne convient pas seulement au relatif mais encore à la qualité.

2. Seconde propriété des relatifs : ils seraient susceptibles de plus et de moins. Là encore c'est une propriété apparente, comme l'indique aussitôt Aristote Ce qu'il dit du double, on peut d'ailleurs le dire de l'égal, lequel ne peut être plus ou moins égal, *nisi accipiatur improprie, ut complectatur ea quae videntur sensui esse aequalia, cum sint inaequalia* (Pacius, I, 55, note *b*). – En ce qui concerne le texte des l. 21 et *ss.*, il nous paraît impossible d'approuver les modifications que Waitz, I, 299, lui fait subir ; nous suivons en conséquence Bekker.

3. En outre, la qualité admet, elle aussi, le plus et le moins.

De plus, tous les relatifs ont leurs corrélatifs[1] : par
30 exemple, l'esclave est dit esclave du maître, et le maître,
maître de l'esclave ; le double, double de la moitié, et la moitié,
moitié du double ; ce qui est plus grand, plus grand que son
plus petit, et ce qui est plus petit, plus petit que son plus grand.
Il en est de même de tous les autres relatifs. Mais il y aura
parfois une différence de « cas » dans l'énonciation[2] : ainsi
nous appelons connaissance la connaissance *du* connaissable,
35 et connaissable, le connaissable *à* la connaissance ; sensation,
la sensation *du* sensible, et sensible, le sensible *à* la sensation.
– Cependant il y a des cas où la corrélation semblera ne pas se
produire[3] : c'est quand on n'a pas rendu de façon appropriée le
terme auquel le relatif est rapporté et qu'on s'est trompé en
l'exprimant. Par exemple, si on a donné l'aile comme relative
à l'oiseau, il n'y a pas corrélation d'oiseau à aile. Ce n'est pas,
en effet, de façon appropriée que la première relation, celle de
7 *a* l'aile à l'oiseau, a été établie, puisque l'aile n'est pas dite relative à l'oiseau en tant qu'oiseau, mais en tant qu'ailé, car il y
a bien d'autres êtres ailés qui ne sont pas des oiseaux. Il en
résulte que lorsque la relation est rendue de façon adéquate, il y
a aussi corrélation : l'aile est aile d'un ailé, et l'ailé est ailé pour
5 l'aile. Parfois aussi, sans doute, est-il nécessaire de créer un
nom spécial, quand il n'en a été établi aucun pour désigner de

1. Troisième propriété : à tout relatif correspond un corrélatif.

2. *Id est, reciprocatio non fit in eodem casu* (Pacius, I, 55, note *d*) : il y a
génitif d'un côté, datif de l'autre.

3. S'il y a des cas où la corrélation ne semble pas possible, c'est qu'en
réalité on n'a pas suffisamment précisé l'un des termes. Il pourra même (l. 5
et *ss.*) être nécessaire de forger un nom pour le désigner et établir une correspondance rigoureuse entre les deux termes.

façon appropriée le terme d'une relation : poser, par exemple, le gouvernail comme relatif au navire, ce n'est pas rendre la relation exactement, car le gouvernail n'est pas dit du navire en tant que navire, vu qu'il existe des navires qui n'ont pas de gouvernail ; aussi n'y a-t-il pas corrélation, car on ne dit pas [10] que le navire est navire du gouvernail. Mais sans doute la façon de rendre la relation serait-elle plus juste si on s'exprimait à peu près ainsi : « le gouvernail est gouvernail du pourvu-de-gouvernail[1] », ou quelque autre chose d'approchant, puisqu'on manque de nom spécial. Et il y a corrélation si la relation est rendue de façon appropriée, car le « pourvu-de-gouvernail », est pourvu de gouvernail par le gouvernail[2]. Il en est de même dans les autres cas : par exemple, la tête [15] sera posée d'une façon plus appropriée comme corrélative du « pourvu-de-tête » que si elle est posée comme corrélative de l'animal, car ce n'est pas en tant qu'animal que l'animal a une tête, puisque beaucoup d'animaux n'en ont pas. La façon la plus facile sans doute de comprendre < ce à quoi une chose est relative >, dans les cas où l'on manque de nom, c'est de tirer les noms des premiers termes et de les appliquer aux choses avec lesquelles les premiers termes sont en corrélation, de même [20] que, dans les exemples qui précèdent, ailé vient d'aile, et « pourvu-de-gouvernail » de gouvernail[3].

---

1. *Clavus clavati clavus.*

2. *Clavatum est clavo clavatum.*

3. Si, dans une relation, on se trouve obligé, faute de nom existant, de créer un nom nouveau, le plus simple est encore de le dériver de l'autre terme dénommé : ailé vient d'aile, et pourvu-de-gouvernail de gouvernail. Tout le développement qui suit est facile. Cf. l'intéressant résumé de Waitz, I, 300.

Ainsi donc, tous les relatifs ont un corrélatif, à la condition toutefois qu'ils soient adéquatement rendus, puisque s'ils sont établis par rapport à un terme pris indéterminément et non par 25 rapport au corrélatif lui-même, il n'y a pas corrélation. Je veux dire que, même pour les corrélatifs sur lesquels tout le monde est d'accord et auxquels on donne des noms, il n'existe pas de corrélation si l'un des termes est désigné par un nom qui n'exprime qu'accidentellement[1] le corrélatif, et non par le nom même du corrélatif. Par exemple, l'esclave, s'il est posé comme esclave non pas du maître, mais de l'homme ou du 30 bipède, ou de n'importe quoi de ce genre, n'est pas un corrélatif, car la relation n'est pas rendue adéquatement. – En outre, si la corrélation est rendue de façon appropriée, on aura beau écarter tous ceux des autres caractères qui sont accidentels pour ne laisser que celui avec lequel la corrélation adéquate avait été établie, cette corrélation n'en existera pas moins toujours. Par exemple, si l'esclave a pour corrélatif le maître, 35 on aura beau écarter tous les autres caractères qui sont accidentels au maître (tels que bipède, apte à recevoir la science, ou homme), pour ne laisser que le caractère essentiel de maître, toujours l'esclave sera exprimé par rapport à ce dernier, car 7 b l'esclave est dit esclave du maître. – Par contre, si la corrélation n'est pas rendue de façon adéquate, on aura beau écarter tous les autres caractères pour ne garder que celui avec lequel la corrélation avait été établie, la corrélation établie ne se fera pas. Désignons, en effet, comme corrélatif de l'esclave, 5 l'homme, et de l'ailé, l'oiseau, et séparons de l'homme le

---

1. « Accident » signifie, en ce passage, *quod ita cum aliquo connexum est, ut sit praeter ejus naturam et essentiam* (Pacius, I, 57, note *a*).

caractère essentiel de maître. La corrélation entre maître et esclave ne continuera pas d'exister, car sans maître il n'y a plus d'esclave. Même raisonnement, si on sépare de l'oiseau son caractère essentiel d'ailé : l'ailé ne sera pas plus longtemps un relatif, car s'il n'y a pas d'ailé, l'aile non plus n'aura pas de corrélatif. J'en conclus qu'il faut désigner adéquatement les 10 corrélatifs. S'il existe un nom, cette désignation devient facile, mais s'il n'en existe pas, il est nécessaire sans doute d'en créer un. Mais quand la dénomination des termes est ainsi faite adéquatement, il est clair que tous les relatifs sont corrélatifs.

Il semble bien qu'entre les relatifs il y ait simultanéité 15 naturelle[1]. Cela est vrai dans la plupart des cas[2] : il y a simultanéité du double et de la moitié, et si la moitié existe, le double existe, de même que si le maître existe, l'esclave existe, et que si l'esclave existe, le maître existe. Même remarque pour tous les autres cas. – De plus, ces relatifs s'anéantissent réciproquement : s'il n'y a pas de double, il n'y a pas de moitié, et s'il 20 n'y a pas de moitié, il n'y a pas de double. Il en est de même pour tous les autres relatifs de ce genre.

Cependant il n'est pas vrai, semble-t-il bien, que dans tous les cas, les relatifs soient naturellement simultanés[3]. – En effet, l'objet de la science peut sembler exister antérieurement

---

1. Quatrième propriété des relatifs : ils sont ἅμα τῇ φύσει.

2. Cette simultanéité existe pour tous les relatifs *secundum esse*.

3. La simultanéité n'existe pas dans les relatifs *secundum dici*, pour deux raisons qu'Aristote va exposer, en ce qui concerne la science d'abord (l. 23-35) et ensuite la sensation (l. 35-8 *a* 12). L'ἐπιστητόν et l'αἰσθητόν sont respectivement antérieurs à l'ἐπιστήμη et à l'αἴσθησις : en effet, la disparition de l'objet entraîne celle de la science ou de la sensation correspondante, tandis que l'inverse ne se produit pas.

à la science, car le plus souvent c'est d'objets préalablement
25 existants que nous acquérons la science : il serait difficile,
sinon impossible, de trouver une science qui fût contempo-
raine de son objet. En outre, l'anéantissement de l'objet entraîne l'anéantissement de la science correspondante, tandis que
l'anéantissement de la science n'entraîne pas l'anéantissement
de son objet. En effet, l'objet de la science n'existant pas, il n'y
a pas de science (car il n'y aura plus rien à connaître), mais si
30 c'est la science qui n'existe pas, rien n'empêche que son objet
n'existe. C'est ce qui se passe pour la quadrature du cercle : en
admettant du moins qu'elle existe comme objet de science,
nous n'en avons pas encore la science, quoiqu'en elle-même
elle soit objet de savoir. De même l'animal[1] une fois anéanti, il
n'y aurait pas de science, mais il pourrait exister cependant un
35 grand nombre d'objets de science. – Il en est de même pour ce
qui regarde la sensation[2]; le sensible, en effet, est, de toute
apparence, antérieur à la sensation : si le sensible disparaît, la
sensation disparaît, tandis que si c'est la sensation, le sensible
ne disparaît pas, car la sensation s'exerce sur un corps et dans
un corps[3]. D'autre part, le sensible une fois détruit, le corps est
8 a détruit aussi (car le corps fait partie des sensibles), et si le corps
n'existe pas, la sensation aussi disparaît. Aussi la destruction

1. L'animal ayant la science. Cf. Simplicius, 192, 33 : εἴπερ ἡ μὲν
ἐπιστήμη ἐν ψυχῇ, ἡ δὲ ψυχὴ ἐν ζῴῳ.
2. Aristote résume dans ce passage sa célèbre théorie de la connaissance,
plus amplement exposée *de Anima*, III, 2, 425 *b* 26, et reprise *Métaph.*, Γ, 5,
1010 *b* 30 et *ss*. (Voir les notes qui accompagnent nos traductions). La sensation
est définie l'acte commun du sensible et du sentant, identité qui n'entraîne
d'ailleurs nullement la relativité du sujet et de l'objet, au sens où l'entendent les
relativistes modernes. Cf. encore Rodier, *Traité de l'Âme*, II, 370 et 373.
3. « Sur un corps » objet de sensation ; « dans un corps » sentant.

du sensible entraîne-t-elle celle de la sensation. Par contre, la destruction de la sensation n'entraîne pas celle du sensible : l'animal anéanti, la sensation est anéantie, tandis que le sensible subsistera ; ce sera par exemple le corps, la chaleur, le doux, 5 l'amer, et toutes les autres choses qui sont sensibles. Autre preuve[1] : la sensation est engendrée en même temps que le sujet sentant, car la sensation naît avec l'animal ; mais le sensible existe certes avant l'animal ou la sensation, car le feu et l'eau, et autres éléments de cette nature, à partir desquels l'ani- 10 mal est lui-même constitué, existent aussi avant qu'il n'y ait absolument ni animal, ni sensation. Par suite, on peut penser que le sensible est antérieur à la sensation.

La question se pose de savoir s'il est vrai qu'aucune substance ne peut faire partie des relatifs, comme cela semble bien être le cas, ou si on peut y ranger certaines substances secondes[2]. – Pour les substances premières, il est bien vrai 15

1. Autre preuve que le sensible est antérieur au sentant. Il y a quatre éléments (feu, air, eau, terre) à partir desquels tous les sensibles, et par suite l'animal, sont constitués ; les éléments sont donc antérieurs à l'animal lui-même et à ses sens.

2. Aristote va maintenant proposer sa propre définition des relatifs. On a eu tort, dit-il, d'appeler relatifs les *relata secundum dici*, car dans ce cas on est appelé à y ranger certaines substances qui pourtant ne sont pas des relatifs. – Pas de difficulté pour les substances premières et leurs parties : ce ne sont évidemment pas des relatifs, et Aristote le montre par des exemples faciles (l. 15-21). – Pas de difficulté non plus pour la plupart des substances secondes (l. 21-25) : l'espèce homme ou l'espèce bœuf ne sont en relation avec rien, et si l'on dit le bois « de » quelqu'un, c'est, non pas en vertu de sa nature, mais par accident, par le fait qu'il se trouve appartenir à quelqu'un (οὐ καθὸ εἰσίν ἀποδίδομεν, ἀλλὰ καθό συμβέβηκεν αὐτοῖς κτήμασιν εἶναι, Simplicius, 197, 32 ; cf. aussi Philop., 125, 24 et *ss.*). – Mais pour les parties des substances secondes, ce sont bien des relatifs *secundum dici* : la tête est la tête de l'homme en général, et la main la main de l'homme en général. Si donc on accepte la définition des

<qu'elles ne sont pas des relatifs>, car ni les substances entières, ni leurs parties ne peuvent être relatives : on ne dit pas d'un homme qu'il est un homme de quelque chose, ni d'un bœuf, un bœuf de quelque chose. Il en est de même pour les parties : une main n'est pas dite une main de quelqu'un, mais la
20 main de quelqu'un, et une tête n'est pas dite une tête de quelqu'un, mais la tête de quelqu'un. – Même solution pour les substances secondes, du moins pour la plupart : l'homme[1] n'est pas dit homme de quelque chose, ni le bœuf[2], bœuf de quelque chose ; pas davantage le bois[3] n'est dit bois de quelque chose, il est dit seulement propriété de quelqu'un. Dans les cas de ce genre, il est clair que la substance ne rentre pas dans les
25 relatifs. – C'est seulement pour certaines substances secondes que la question peut se poser : par exemple, la tête est dite tête de ce dont elle est une partie[4], et la main est dite main de ce dont elle est une partie, et il en est ainsi pour toute partie de même nature ; il en résulte que ces termes semblent bien être des relatifs. Si donc la définition qui a été donnée des relatifs[5] était suffisante, il serait très difficile, sinon impossible, de

relatifs *secundum dici*, il n'y a pas moyen d'échapper à cette absurdité d'appeler relatif ce qui est essentiellement par soi.

Pour tout ce passage, nous suivons l'interprétation de Simplicius, 197 et *ss.*

1. L'homme, le bœuf et le bois en général, pris comme espèces.

2. *Ibid.*

3. *Ibid.*

4. L. 26 et 27, τινός n'exprime pas tel homme individuel, dont la tête ou la main serait une partie, mais l'homme en général, car, comme le dit Simplicius, 198, 5-7 : ὡς γὰρ τοῦ τινὸς ἀνθρώπου ἐστιν μέρος ἡ τὶς κεφαλή, οὕτως καὶ τοῦ ἀνθρώπου τοῦ ἁπλῶς ἡ ἁπλῶς κεφαλή.

5. La définition des relatifs *secundum dici* sous laquelle tombent les parties des substances secondes.

prouver qu'aucune substance ne peut être un relatif. Mais si la 30
définition n'est pas suffisante et qu'on doive appeler relatifs
seulement les termes dont l'être ne consiste en rien d'autre que
d'être affecté d'une certaine relation[1], peut-être pourrait-on
apporter quelque remède à cette incertitude[2]. La première
définition convient sans doute à tous les relatifs[3], mais le fait
pour une chose d'être rapportée à quelque autre chose ne la
rend cependant pas essentiellement relative[4].                    35

De tout ceci, il résulte évidemment que, quand on connaît
un relatif d'une façon déterminée, on connaîtra aussi d'une
façon déterminée ce à quoi il est relatif[5]. Cela est aussi évident
en soi : car si on sait que telle chose particulière est un relatif,
étant donné que l'être des relatifs n'est rien d'autre que d'être
en relation, on connaît aussi ce à quoi elle est relative. Mais si 8 b
on ne connaît absolument pas ce avec quoi elle est en relation,
on ne saura pas non plus si elle est ou non en relation. Des
exemples particuliers éclaireront cette assertion : ainsi, si on
sait, d'une façon déterminée, que telle chose est double, on
sait aussi immédiatement d'une façon déterminée ce de quoi 5
elle est double, car s'il n'y avait rien de déterminé dont on
ne sût que cette chose est le double, on ne saurait absolument
pas non plus qu'elle est double. De même si l'on sait que telle
chose est plus belle, on doit nécessairement aussi savoir,

---

1. Définition des relatifs *secundum esse*, la véritable relation.
2. C'est-à-dire la question de savoir si certaines substances secondes (l. 26)
sont des relatifs.
3. Et même abusivement aux parties des substances secondes.
4. Nous suivons la leçon de Waitz. – Par conséquent le relatif véritable,
c'est ce dont tout l'être consiste dans la relation (*relatio secundum esse*).
5. Corollaire (πόρισμα, Simplicius, 200, 4) de ce qu'on vient de dire.

immédiatement et d'une façon déterminée, la chose en comparaison de quoi elle est plus belle. – Par contre, on ne connaîtra
pas d'une manière indéterminée qu'elle est plus belle qu'une
10 chose qui est moins belle ; ce serait là une opinion incertaine[1]
et non une connaissance : en effet, on ne pourrait connaître dès
lors d'une manière précise que la dite chose est plus belle
qu'une chose qui est moins belle, car il pourrait arriver qu'il
n'y eût rien de moins beau qu'elle-même. Il est donc évidemment nécessaire que, si on connaît d'une façon définie un
relatif, on connaisse aussi d'une façon définie ce à quoi il est
relatif.

15     Quant à la tête, à la main et à toute partie de même nature[2],
toutes choses qui sont des substances, on peut connaître quelle
est leur essence d'une façon déterminée. Mais il ne s'ensuit pas
nécessairement qu'on connaisse pour autant leur corrélatif, car
ce à quoi cette tête ou cette main se rapporte[3], c'est là une
chose dont on ne peut avoir une connaissance définie. Nous
20 n'aurions donc pas affaire ici à des relatifs. Et si ce ne sont pas

---

1. Sur ὑπόληψις et ὑπολαμβάνειν, cf. Waitz, I, 523, et Bonitz, *Index
arist.*, 799 *b* 26 et 186 *b* 60.
2. Comme l'explique Simplicius, 200, 26 et *ss.*, la tête, les mains, etc.,
parties des substances secondes, ne répondent pas à la définition posée par
Aristote, ni à son corollaire. Ces substances possèdent, en effet, une essence
propre, indépendante de leur relation (ἕκαστον τούτων, dit Simplicius, 200,
29, ἐστὶν ὅπερ ἐστὶν οὐκ ἐκ τοῦ πρὸς ἕτερόν πως ἔχειν, ἀλλ' ἐκ τοῦ
τοιάνδε ἔχειν οὐσίαν καὶ τοιάνδε ποιότητα). Si donc nous connaissons ces
parties ὡρισμένως, nous ne connaissons pas de la même manière leur corrélatif, ce qui est contraire à ce qui a été exposé précédemment (8 *a* 36 et *ss.*) de la
connaissance du corrélatif par le relatif. De pareilles substances ne sont donc
pas des relatifs et, par conséquent, il n'y a plus aucune substance qui soit un
relatif.
3. C'est-à-dire le corps.

des relatifs, il sera vrai de dire qu'aucune substance ne rentre dans les relatifs. – Sans doute est-il difficile, en de telles matières, de rien assurer de positif, sans y avoir porté son attention à plusieurs reprises. Il n'est cependant pas inutile d'avoir soulevé des questions sur chacun de ces points.

## 8
### < La qualité >

J'appelle *qualité* ce en vertu de quoi on est dit être tel[1]. 25 – Mais la qualité est au nombre de ces termes qui se prennent en plusieurs sens.

Une première espèce de qualité peut être appelée *état* et *disposition*[2]. Mais l'état diffère de la disposition en ce qu'il a beaucoup plus de durée et de stabilité : sont des états les sciences et les vertus, car la science semble bien être au nombre des choses qui demeurent stables et sont difficiles à mouvoir, 30 même si l'on n'en possède qu'un faible acquis, à moins qu'un grand changement ne se produise en nous à la suite d'une maladie ou de quelque autre cause de ce genre. De même aussi la vertu (par exemple, la justice, la tempérance, et toute qualité de cette sorte) ne semble pas pouvoir aisément être mue ni changée. – Par contre, on appelle dispositions les qualités qui 35 peuvent facilement être mues et rapidement changées, telles que la chaleur et le refroidissement, la maladie et la santé, et ainsi de suite. En effet, l'homme se trouve dans une certaine

1. Cf. aussi *Métaph.*, A, 14. – Aristote définit la qualité abstraite (ποιότης, *qualitas*) par la qualité concrète (ποιόν, *quale*, le sujet ayant telle qualité), *quia concretum nobis est notius* (Pacius, I, 62, note *a*).

2. Cf. *Métaph.*, Δ, 19, 20 et 21.

disposition à leur égard, mais il en change vite, de chaud deve-
9 *a* nant froid, et de bien portant, malade ; et ainsi du reste, à moins
que quelqu'une de ces dispositions n'arrive elle-même, avec le
temps, à devenir naturelle, et ne soit invétérée ou difficile à
mouvoir : on pourrait peut-être dès lors l'appeler état.

Il est évident qu'on tend à désigner sous le nom d'états ces
5 qualités qui sont plus durables et plus difficiles à mouvoir, car
de ceux qui possèdent une science peu stable et qui peuvent,
au contraire, facilement la laisser fuir, on ne dit pas qu'ils ont
l'état <de savoir>, bien qu'ils se trouvent dans une certaine
disposition, plus ou moins bonne, à l'égard de la science.
L'état diffère donc de la disposition en ce que cette dernière est
aisée à mouvoir, tandis que le premier est plus durable et plus
10 difficile à mouvoir. – Les états sont en même temps des
dispositions, mais les dispositions ne sont pas nécessairement
des états : posséder, en effet, des états, c'est se trouver aussi
dans une certaine disposition à leur égard, tandis qu'avoir des
dispositions ce n'est pas posséder par cela même, dans tous les
cas, un état correspondant.

Un autre genre de qualité, c'est celui d'après lequel nous
parlons de bons lutteurs, ou de bons coureurs, de bien portants
15 ou de malades, en un mot de tout ce qui est dit selon une
aptitude ou une inaptitude naturelle [1] : car ce n'est pas en vertu
d'une certaine disposition <de l'individu> que chacune de ces
déterminations est affirmée, mais par le fait qu'on possède une
aptitude ou une inaptitude naturelle à accomplir quelque chose
facilement ou à ne pâtir en rien. Par exemple, les bons lutteurs

---

1. Cf. *Meteor.*, IV, 8, 385 *a* 11.

ou les bons coureurs sont ainsi appelés, non pas parce qu'ils se
trouvent dans une certaine disposition, mais parce qu'ils pos- 20
sèdent une aptitude naturelle à accomplir facilement certains
exercices; les bien portants sont ainsi appelés parce qu'ils
possèdent une aptitude naturelle à supporter avec aisance tout
ce qui peut leur arriver, et les malades au contraire parce qu'ils
possèdent une inaptitude naturelle à ne pas supporter aisément
tout ce qui peut leur arriver. Il en est de même pour le dur et le
mou : le dur est ainsi appelé parce qu'il possède une aptitude 25
naturelle à ne pas être facilement divisé, et le mou parce qu'il
possède l'inaptitude corrélative.

Un troisième genre de qualité est formé des qualités affectives et des affections. Telles sont, par exemple, la douceur,
l'amertume, l'âcreté, avec toutes les déterminations de même
ordre, en y ajoutant la chaleur, la froidure, la blancheur et la 30
noirceur. – Que ce soient là des qualités, c'est clair[1], car les
êtres qui les possèdent sont dits de telle qualité en raison de
leur présence en eux : ainsi le miel, par le fait qu'il a reçu en lui
la douceur est appelé doux, et le corps est blanc par le fait qu'il
a reçu la blancheur. Il en est de même dans les autres cas.     35

*Qualités affectives*[2] ne veut pas dire que les choses qui
reçoivent ces déterminations soient elles-mêmes affectées
d'une certaine façon : ce n'est pas parce que le miel subit 9 *b*

---

1. Aristote procède du ποιόν à la ποιότης. *Ea a quibus dicuntur qualia sunt*
*qualitates : ab his autem, dulcedine, etc. … dicuntur qualia; ergo haec sunt*
*qualitates* (Pacius, II, 46).

2. Aristote vient de montrer (l. 32-35) que les qualités affectives sont des
qualités; il établit maintenant (l. 36 et *ss.*) qu'elles sont affectives, *non quia ea*
*patiantur aliquid in quibus insint, sed quia sensus illis affecti aliquid patiuntur*
(Waitz, I, 305).

quelque modification qu'il est appelé doux, pas plus que les autres cas de ce genre ; de même, si la chaleur et la froidure sont appelées des qualités affectives, ce n'est pas parce que les choses mêmes qui les reçoivent souffrent quelque affection.
5 En réalité, c'est parce que chacune des qualités dont nous venons de parler est apte à produire une modification dans les sensations, qu'on appelle ces qualités des qualités affectives. La douceur ; en effet, produit une modification du goût, et la chaleur, du toucher ; il en est de même pour les autres qualités.

Cependant la blancheur, la noirceur et autres couleurs, ce
10 n'est pas de la même manière que précédemment qu'elles sont appelées des qualités affectives : c'est par le fait qu'elles sont elles-mêmes le résultat d'une modification[1]. Souvent des changements de couleur surviennent en raison d'une affection. Le fait est évident : la honte fait devenir rouge, la crainte, pâle, et ainsi de suite[2]. C'est pourquoi si on est naturellement sujet à

---

1. Les qualités affectives étudiées d'abord étaient *causes* d'une modification sensorielle ; celles-ci sont des *effets* d'une disposition naturelle, du tempérament du sujet qui les possède. La blancheur et autres couleurs considérées sont donc celles des êtres animés, de l'homme particulièrement, et nullement celles des êtres inanimés, lesquelles suivent les règles précédentes puisqu'elles affectent l'œil.

2. L'argumentation des lignes 11-18 est la suivante. Chez l'homme, tout changement dans la couleur de la peau a pour cause quelque affection du sujet. Aussi est-il naturel qu'à certain tempérament déterminé corresponde une couleur donnée, qui est celle même que le sujet aurait passagèrement subie si, au lieu d'avoir une cause permanente (le tempérament), elle avait pour cause une émotion momentanée. Mais seules constituent des qualités affectives les couleurs qui persistent (la pâleur ou la rougeur habituelle) et dont la persistance provient soit du tempérament, soit de la maladie, soit d'un état chronique (l'ardeur du soleil, par exemple, qui rend la peau noire) qui a modifié la nature d'une façon durable. Cf. les exemples donnés par Philop., 150, 6-9.

une affection de ce genre, due à certaines particularités de tempérament, il est vraisemblable qu'on possède aussi la 15 couleur correspondante ; car la même disposition des éléments corporels qui s'était momentanément produite dans le cas d'un accès de honte, peut être le résultat de la constitution naturelle du sujet, de façon à engendrer naturellement la couleur correspondante. Aussi tous les états de ce genre qui prennent leur source dans des affections stables et permanentes sont-ils 20 appelés qualités affectives. Ou bien, en effet, c'est parce qu'elles prennent leur origine dans le tempérament naturel du sujet que la pâleur ou la noirceur sont appelées des qualités (car c'est elles qui nous donnent notre qualification) ; ou bien alors c'est parce que ces couleurs, c'est-à-dire la pâleur et la noirceur, sont survenues à la suite d'une longue maladie ou d'une 25 chaleur torride, et ne sont pas faciles à effacer, si même elles ne persistent pas toute la vie : dans ce cas aussi on les appelle des qualités, car, là encore, nous recevons d'elles notre qualification. – Quant aux déterminations provenant de causes aisées à détruire et vite écartées, on les appelle des affections et non pas des qualités, car on n'est pas qualifié d'après elles. En effet, on 30 ne dit pas de l'homme qui rougit de honte qu'il a le teint rouge, ni de celui qui pâlit de peur qu'il a le teint pâle : on dit plutôt qu'ils éprouvent quelque affection. Ce sont donc là des affections et non des qualités.

Nous adoptons le texte et la ponctuation de Bekker. L. 14 et 15, notamment, nous plaçons une virgule, non pas après πέπονθεν, comme le fait Waitz, mais après συμτωμάτων.

Le résumé de Waitz, I, 305, est correct. Toutefois il nous paraît impossible de traduire, comme il le propose, ἐκ τινων φυσικῶν συμτωμάτων par *secundum leges quasdam*.

Le raisonnement est le même pour les qualités affectives se
35 rapportant à l'âme[1]. Toutes les déterminations qui, à l'instant
même de la naissance, ont pour origine certaines affections
stables, sont appelées des qualités : tel est le cas de la démence,
10 a de la colère et autres états de ce genre, car on est qualifié
d'après elles de colérique et de fou. Il en est de même pour
ces égarements de l'esprit, qui ne sont pas naturels mais
proviennent de certaines autres particularités de constitution difficiles à écarter ou même absolument immuables :
ce sont encore là des qualités, car on est qualifié d'après elles.
5 – Quant aux déterminations provenant de causes qui se
dissipent rapidement, on les appelle des affections. Voici,
par exemple, quelqu'un qui, à la suite d'une contrariété, a un
accès de colère : on n'appelle pas colérique un homme, qui
dans une pareille émotion, se met en colère ; on dit plutôt
qu'il éprouve quelque affection. Aussi de telles détermina-
10 tions sont-elles appelées des affections et non des qualités.

Une quatrième sorte de qualité comprend la figure, ou la
forme[2], qui appartient à tout être, et, en outre, la droiture et la
courbure, ainsi que toute autre propriété semblable. C'est, en
effet, d'après toutes ces déterminations qu'un être est qualifié :
parce qu'elle est triangulaire ou quadrangulaire[3], une chose
15 est dite avoir telle qualité, ou c'est encore parce qu'elle est

---

1. Aristote va appliquer aux états de l'âme (l. 33-10 a 10) ce qu'il vient de
dire des déterminations du corps.

2. σχῆμα, μορφή et εἶδος sont des notions voisines. σχῆμα signifie la
*figure*, et il est souvent synonyme de εἶδος qui l'accompagne ; μορφή présente à
peu près le même sens, mais il désigne plutôt les contours extérieurs de l'objet et
il pourrait être rendu par configuration. Cf. Hamelin, *Phys.*, II, p. 42.

3. Avec Waitz, l. 14 et 15, nous lisons τῷ γὰρ τρίγωνον ... τῷ εὐθὺ.

droite ou courbe; et c'est la figure qui donne à toute chose sa
qualification. – Le rare et le dense, le rugueux et le poli
signifient en apparence une chose de telle qualité; cependant il
semble bien que de pareilles déterminations soient étrangères
aux divisions de la qualité, car c'est plutôt une certaine posi- **20**
tion des parties que chacune paraît exprimer. En effet, une
chose est dense par l'étroite union de ses parties entre elles, et
rare par leur éloignement réciproque; elle est polie par
l'égalité de niveau, en quelque sorte, des parties, et rugueuse
quand certaines d'entre elles sont en relief et d'autres en creux.

Sans doute pourrait-on encore découvrir d'autres modes **25**
de la qualité; du moins les modes qu'on vient de citer sont les
principaux et les plus fréquents.

Sont donc des qualités les déterminations que nous avons
énoncées[1]; quant aux choses qualifiées, ce sont celles qui sont
dénommées d'après ces qualités, ou qui en dépendent de
quelque autre façon. – Ainsi dans la plupart des cas, et même
presque toujours, le nom de la chose qualifiée est dérivé < de la **30**
qualité > : par exemple, blancheur a donné son nom à blanc,
grammaire à grammairien, et justice à juste. Et ainsi de suite.
Dans certains cas cependant, comme on n'a pas donné de nom
aux qualités, il n'est pas possible de désigner les choses qualifiées par des noms dérivés de ces qualités : par exemple, le
nom donné au coureur ou au lutteur, ainsi appelé en raison **35**
d'une aptitude naturelle, ne dérive d'aucune qualité, puisqu'il **10 b**
n'existe pas de nom pour les aptitudes suivant lesquelles ces
hommes reçoivent une qualification, alors qu'il en existe pour

1. De la *qualitas* Aristote passe au *quale*, qui est l'objet de telle qualité et
qui est défini par la *qualitas*; il expose les différents modes de la dénomination.

les sciences dont la pratique les fait nommer lutteurs ou aptes à la palestre. Une telle science est une disposition : elle est appelée du nom de « science du pugilat » ou de « science de la lutte » ; et ceux qui sont dans cette disposition requise tirent
5 leur nom de ces sciences mêmes.

Parfois aussi, même quand il existe un nom spécial < pour la qualité >, la chose qualifiée d'après elle porte un nom qui n'en dérive pas : ainsi l'honnête homme est tel en raison de la vertu, car c'est par la possession de la vertu qu'il est dit honnête, alors que son nom ne dérive pas de vertu. Ce cas, du reste, n'est pas fréquent.

Ainsi donc, sont dites posséder telle qualité les choses qui
10 ont un nom dérivé des qualités que nous avons indiquées, ou qui, de quelque autre façon, en dépendent.

La contrariété appartient aussi à la qualité[1] : par exemple, la justice est le contraire de l'injustice, la noirceur, de la blancheur, et ainsi de suite. Et il en est de même pour les choses qui sont qualifiées d'après ces déterminations : l'injuste est le
15 contraire du juste, et le blanc, du noir. Tel n'est cependant pas toujours le cas : le rouge, le jaune et les couleurs de cette sorte n'ont pas de contraires, bien que ce soient des qualités. – En outre, si l'un des deux contraires est une qualité[2], l'autre sera aussi une qualité. Cela est évident dès qu'on applique < à nos exemples > les autres catégories : ainsi, si la justice est le
20 contraire de l'injustice et si la justice est une qualité, l'injustice sera aussi une dualité ; aucune autre catégorie, en effet, ne

---

1. Première propriété : *qualitas* et *quale* peuvent avoir un contraire.
2. Dans ce paragraphe, et dans d'autres passages, ποιόν a le sens de ποιότης.

conviendra à l'injustice, ni la quantité, ni la relation, ni le lieu, ni, d'une façon générale, rien d'autre que la qualité. Il en est de même pour tous les autres contraires tombant sous la qualité.    25

Les qualités admettent aussi le plus et le moins[1]. Une chose blanche, en effet, est dite plus ou moins blanche qu'une autre, et une chose juste plus ou moins juste qu'une autre. En outre, la qualité en elle-même prend de l'accroissement : ce qui est blanc peut devenir plus blanc[2].

Cette propriété n'appartient cependant pas à toutes les qualités, mais seulement à la plupart. Soutenir que la justice 30 admet le plus et le moins ne va pas, en effet, sans difficulté : certains le contestent et prétendent qu'on ne peut absolument pas dire que la justice est susceptible de plus et de moins, pas plus qu'on ne le peut pour la santé. Tout ce qu'on peut dire, c'est qu'une personne possède moins de santé qu'une autre 35 ou moins de justice qu'une autre, et il en est de même pour la 11 *a* grammaire et autres dispositions. Quoi qu'il en soit, il est tout au moins incontestable que les choses qui sont dénommées d'après ces qualités sont susceptibles de plus et de moins, puisqu'on dit d'un homme qu'il est meilleur grammairien qu'un autre, mieux portant, plus juste, et ainsi de suite.

Par contre, triangle et tétragone ne paraissent pas admettre 5 le plus et le moins, pas plus qu'aucune autre figure. Les choses,

---

1. Seconde propriété : la qualité est susceptible de plus et de moins, d'accroissement et de décroissement, aussi bien quand elle est réalisée dans différents sujets que quand on l'envisage dans un même sujet.

2. Dans un même sujet, la qualité peut croître ou décroître. Comme l'explique Simplicius, 284, 5, τὸ … λευκὸν ἤ τὸ … δίκαιον προϊόντος τοῦ χρόνου αὐτὸ πρὸς ἑαυτὸ ἐπίτασιν (Aristote dit ἐπίδοσιν) καὶ ἄνεσιν λαμβάνει. – L. 28, αὐτό est la qualité considérée en elle-même.

en effet, auxquelles s'applique la notion de triangle ou de
cercle sont toutes, de la même façon, triangles ou cercles ; et
quant aux choses auxquelles elle ne s'applique pas, on ne
pourra pas dire que l'une soit plus que l'autre < triangle ou
10 cercle > : le carré n'est pas plus un cercle que le rectangle, car
ni à l'un, ni à l'autre la notion de cercle n'est applicable. D'une
façon générale, si la notion du terme proposé ne s'applique pas
aux deux objets, on ne pourra pas dire que l'un est plus que
l'autre. Toutes les qualités n'admettent donc pas le plus et le
moins.

15 Tandis qu'aucun des caractères que nous venons de
mentionner n'est propre à la qualité[1], par contre *semblable* ou
*dissemblable* se dit uniquement des qualités. Une chose n'est
semblable à une autre pour rien d'autre que ce par quoi elle est
qualifiée. Il en résulte que le propre de la qualité sera de se voir
attribuer le semblable et le dissemblable.

20 Nous ne devons pas craindre[2] qu'on nous objecte ici que,
tout en nous étant proposé un exposé de la qualité, nous avons

---

1. Puisqu'ils ne s'appliquent pas à toute qualité, mais s'appliquent en
revanche à d'autres catégories, ainsi qu'il a été démontré dans les chapitres
précédents.

Aristote en arrive ainsi à la troisième propriété de la qualité, propriété
essentielle : la qualité admet seule le semblable et le dissemblable, et ces
déterminations ne s'expliquent que par référence à la qualité.

2. Toute la fin de ce chapitre présente une particulière importance. Aristote
y expose clairement sa conception des catégories qui ne sont pas « des mor-
ceaux réalistiquement découpés dans les choses, mais des points de vue sur les
choses, et une même chose peut être envisagée à différents points de vue »
(Hamelin, *Le Système d'Aristote*, p. 107). Voir cependant les réflexions judi-
cieuses de Pacius, I, 69, notes *a*, *b*, *c*, et II, 49-50. En tout cas, la science en
général, qu'Aristote prend comme exemple de relatif *secundum esse*, n'est
qu'un relatif *secundum dici*.

fait entrer dans notre énumération beaucoup de relatifs : n'avons-nous pas dit que les états et les dispositions sont au nombre des relatifs ? – Pratiquement, dans tous les cas de cette sorte, les genres sont, en effet, des termes relatifs, tandis qu'aucune des espèces particulières ne l'est[1]. Ainsi, la science, comme genre, est, en son essence même, ce qui est relatif à une autre chose (car on dit qu'il y a science *de* 25 quelque chose). Par contre, aucune des sciences particulières n'est, dans son essence, relative à une autre chose : par exemple, on ne dit pas que la grammaire est grammaire de quelque chose, ni la musique, musique de quelque chose. Mais si elles sont relatives, c'est seulement par leur genre qu'elles le sont : la grammaire est dite science de quelque chose, non grammaire de quelque chose, et la musique est dite 30 science de quelque chose et non musique de quelque chose. Les sciences particulières ne font donc pas partie des relatifs. Et si nous recevons telle qualification, c'est seulement d'après des sciences particulières, puisque c'est elles que nous possédons : nous sommes dits savants par la possession de l'une de ces sciences particulières. Il en résulte que ces sciences particulières en vertu desquelles nous sommes 35 parfois qualifiés, sont elles-mêmes des qualités, tout en n'étant pas des relatifs. J'ajoute que s'il arrive à la même chose

---

1. C'est-à-dire, en fait, les espèces rentrant dans les genres.

d'être un relatif et une qualité, il n'y a rien d'absurde à la mettre au nombre des deux genres à la fois [1].

## 9
### < L'Action, la Passion et les autres Catégories >

**11 b**        L'action et la passion [2] admettent aussi la contrariété, et elles sont susceptibles de plus et de moins. Échauffer est le contraire de refroidir ; être échauffé, d'être refroidi ; se réjouir, d'avoir du chagrin, ce qui est bien admettre la contrariété. De
**5** même pour le plus et le moins : on peut chauffer plus ou moins, ou être échauffé plus ou moins. L'action et la passion sont donc aussi susceptibles de plus et de moins.

Voilà ce que nous avions à dire de ces catégories.

Nous avons parlé, en outre, de la position [3] dans notre chapitre des Relatifs, où nous avons établi que ces termes dérivent leur nom des positions correspondantes.

**10**        Quant aux catégories restantes, le temps, le lieu et la possession [4], en raison de leur nature bien connue nous n'avons rien de plus à en dire que ce qui a été exposé au début, savoir que la possession signifie des états tels que *être chaussé*, *être armé* ; le lieu, c'est, par exemple, au *Lycée*, et ainsi de suite, comme nous l'avons indiqué plus haut.

---

1. « Deux genres », autrement dit deux catégories.
2. Sur τὸ ποιεῖν (*agere*) et τὸ πάσχειν (*pati*), cf. surtout *De Gen. et Corr.*, I, 7, 8 et 9.
3. τὸ κεῖσθαι (*situs*).
4. ποτέ (*quando*), ποῦ (*ubi*), τὸ ἔχειν (*habere*).

## 10
### < *Les Opposés*[1] >

Pour les catégories proposées à notre étude, ce que nous **15**
avons dit doit suffire. Passons aux opposés[2], et distinguons les
acceptions habituelles de l'opposition.

L'opposition d'un terme à un autre se dit de quatre façons :
il y a l'opposition des relatifs, celle des contraires, celle de la
privation à la possession et celle de l'affirmation à la négation.
– L'opposition, dans chacun de ces cas, peut s'exprimer sché-
matiquement de la façon suivante : celle des relatifs, comme le **20**
double à la moitié ; celle des contraires, comme le mal au
bien[3] ; celle de la privation à la possession, comme la cécité à la
vue ; celle de l'affirmation à la négation, comme *il est assis*, *il
n'est pas assis*.

Les termes qui sont opposés comme des relatifs[4] sont ceux
dont tout l'être consiste à être dit de leur opposé ou qui s'y
rapporte de quelque autre façon[5]. Par exemple, le double est ce **25**

---

1. Les chapitres 10 et suivants, dont l'attribution à Aristote a été contestée,
étudient de ce que les logiciens postérieurs ont appelé les *Postprédicaments*.
Voici la définition qu'en donne Gredt (*Elementa*..., I, 170) : *sunt rationes quae-
dam pertinentes ad omnia aut ad plura praedicamenta quasi proprietates com-
munes*. Ces postprédicaments sont au nombre de cinq : *oppositio, prius, simul,
motus, habere*. Il est à remarquer que cette dernière notion (*habere*) est déjà
l'une des catégories.

2. Sur les opposés (ἀντικείμενα), cf. *Métaph.*, Δ, 10. On consultera avec
profit Hamelin, *Le Système d'Aristote*, p. 128 et *ss*.

3. Le mal est opposé au bien, non pas *per se*, car le mal n'est que la
privation du bien, mais *per accidens*, en ce que ce qui est bien pour l'un peut être
mauvais pour l'autre (Pacius, II, 51).

4. Opposition des relatifs (l. 24-33).

5. C'est-à-dire que la relation est marquée soit par le génitif, soit par un
autre cas (cf. *supra*, chap. 7, *init.*).

qui, dans son essence même, est dit double d'une autre chose, car c'est *de* quelque chose qu'il est dit double. La connaissance et le connaissable sont aussi opposés comme des relatifs : la connaissance est dite, dans son essence même, connaissance du connaissable, et le connaissable, à son tour, est lui-même,
30 dans son essence, dit de son opposé, savoir la connaissance, car le connaissable est dit connaissable pour quelque chose, c'est-à-dire pour la connaissance. Les termes qui sont opposés comme des relatifs sont donc ceux dont tout l'être consiste à être dit d'autres choses, ou qui sont, d'une façon quelconque, en relation réciproque.

Quant aux termes qui sont opposés comme des contraires [1], ils n'ont pas leur essence dans le rapport qu'ils soutiennent
35 l'un avec l'autre, mais ils sont dits seulement contraires les uns aux autres. En effet, on ne dit pas que le bien est le bien du mal, mais le contraire du mal ; on ne dit pas non plus que le blanc est le blanc du noir, mais le contraire du noir. Aussi ces deux types d'opposition diffèrent-ils entre eux. Toutes les fois que les
12 a contraires sont tels que les sujets dans lesquels ils sont naturellement présents, ou dont ils sont affirmés, doivent nécessairement contenir l'un ou l'autre, il n'y a pas d'intermédiaire entre eux ; mais s'il s'agit de contraires qui ne sont pas nécessairement contenus l'un ou l'autre dans le sujet, il y a, dans tous les cas, quelque intermédiaire. Par exemple, la maladie et la santé se trouvent naturellement dans le corps de l'animal, et,
5 de toute nécessité, l'une ou l'autre appartient au corps de l'animal, soit la maladie, soit la santé ; de même l'impair et le pair

---

1. Opposition des contraires (l. 33-12 *a* 25).

sont affirmés du nombre, et nécessairement l'un on l'autre
appartient au nombre, soit l'impair, soit le pair. Or il n'existe
entre ces termes aucun intermédiaire, ni entre la maladie et la
santé, ni entre l'impair et le pair. – Mais pour les contraires 10
dont l'un ou l'autre n'appartient pas nécessairement au sujet, il
existe entre eux un intermédiaire. Ainsi le noir et le blanc se
trouvent naturellement dans un corps, mais il n'y a aucune
nécessité que l'un ou l'autre appartienne au corps, car tout
corps n'est pas forcément blanc ou noir; de même encore, le
vil et l'honnête sont affirmés et de l'homme et de beaucoup
d'autres sujets, mais il n'est pas nécessaire que l'un ou l'autre 15
appartienne aux êtres dont ils sont affirmés, car toute chose
n'est pas nécessairement vile ou honnête. Aussi existe-t-il
entre ces termes un moyen : par exemple, entre le blanc et le
noir, il y a le gris et le jaunâtre et toutes les autres couleurs, et
entre le vil et l'honnête, il y a ce qui n'est ni vil, ni honnête.

Dans certains cas, des noms sont portés par ces termes 20
intermédiaires; par exemple, entre le blanc et le noir se
trouvent le gris, le jaunâtre et toutes les autres couleurs. Dans
d'autres cas, au contraire, il n'est pas facile de rendre par un
nom le moyen terme, mais c'est par la négation de chaque
extrême que le moyen est défini : par exemple, ce qui n'est ni
bon, ni mauvais, ni juste ni injuste.                        25

*Privation* et *possession*[1] tournent autour du même sujet :
par exemple, la vue et la cécité se disent de l'œil. Et, en règle
générale, le sujet dans lequel la possession se trouve naturel-

---

1. Opposition de la possession et de la privation (l. 12 *a* 26-13 *a* 36). Sur la
possession (ἕξις, *habitus*), et la privation (στέρησις, *privatio*), cf. *Métaph.*, Δ,
22 et *passim*.

lement est aussi celui dont l'un ou l'autre des opposés se trouve
affirmé. Nous disons que la privation est attribuée à tout sujet
30 apte à recevoir la possession, quand cette possession n'est
d'aucune façon présente dans la partie, du sujet à qui elle
appartient naturellement, et au temps où elle doit naturellement s'y trouver[1]. Nous n'appelons pas un être, édenté, par
cela seul qu'il n'a pas de dents, ni aveugle, par cela seul qu'il
n'a pas la vue, mais bien parce qu'il n'a ni dents, ni vue au
temps où il doit naturellement les posséder : car il existe des
êtres qui, à la naissance, ne possèdent ni la vue, ni les dents, et
on ne les appelle pas pour autant des édentés ou des aveugles.

35    *Être privé* d'un état ou le *posséder* n'est pas la même chose
que la privation ou la possession. La possession, par exemple,
c'est la vue, et la privation, la cécité ; mais *avoir la vue* n'est
pas la vue, ni *être aveugle*, la cécité. La cécité est une certaine
privation, tandis qu'*être aveugle* c'est *être privé*, ce n'est pas
la privation. De plus, si la cécité était identique à *être aveugle*,
40 les deux termes pourraient être affirmés du même sujet ; or si
on dit que l'homme est aveugle, on ne dit jamais que l'homme
12 b est cécité. – Il semble bien que *être privé* d'un état et *posséder*
un état sont opposés de la même façon que le sont entre elles
privation et possession, car le mode d'opposition est le même.

---

1. Aristote énumère trois conditions pour qu'un objet soit privé de
l'*habitus*. Il faut *a)* que le sujet soit apte à recevoir l'*habitus* (une pierre ne peut
être privée de la vue) ; *b)* que la privation soit attribuée à la partie (l. 30, ἐν ᾧ, *id.*
μορίῳ) du corps qui possède naturellement l'*habitus* (l'homme est aveugle
quand l'œil est privé de la vue) ; *c)* que la privation ait lieu au temps où l'*habitus*
appartient normalement au sujet (l'homme, à sa naissance, bien qu'il ne voie
pas, n'est pas aveugle).

En effet, de même que la cécité est opposée à la vue, ainsi également *être aveugle* est opposé à *avoir la vue*.  5

Ce qui tombe sous la négation et l'affirmation n'est pas soi-même affirmation et négation, puisque l'affirmation est une *proposition* affirmative, et la négation une *proposition* négative, tandis que les termes qui tombent sous l'affirmation et la négation ne sont pas des propositions[1]. On dit cependant 10 qu'ils sont opposés entre eux comme l'affirmation et la négation, car, dans ce cas aussi, le mode d'opposition est le même. En effet, de même que l'affirmation est opposée à la négation, comme par exemple, dans les propositions *il est assis* à *il n'est pas assis*, ainsi également sont opposées les choses qui tombent sous l'une et sous l'autre proposition, par exemple : *tel homme* est assis à *tel homme* n'est pas assis[2].  15

Il est évident que la privation et la possession ne sont pas opposées de la même façon que les relatifs[3] : tout leur être ne consiste pas à être affirmé de l'opposé : la vue n'est pas dite vue de la cécité, et la relation n'a pas lieu non plus d'une autre façon[4]. De même la cécité ne peut davantage être dite cécité de la vue : c'est plutôt privation de la vue que cécité de la vue. 20 – En outre, tous les termes relatifs sont corrélatifs, de telle sorte que la cécité, en supposant même qu'elle fût au nombre des

---

1. Ce ne sont pas des propositions, mais des choses, lesquelles sont la matière des propositions.

2. Avec Pacius, I, 73, d'accord avec plusieurs manuscrits, nous lisons, l. 14-15 : ἀντίκειται οἶον τὸ καθῆσθαι τινα πρὸς τὸ μὴ καθῆσθαι.

3. L. 16-25, distinction entre l'opposition possession-privation et l'opposition des relatifs.

4. La relation des opposés n'est marquée ni par le génitif, ni par aucun autre cas.

relatifs, serait corrélative de ce avec quoi elle est en relation.
Or il n'y a pas ici de corrélation, attendu qu'on ne dit pas que la
25 vue est vue de la cécité.

Mais ce n'est pas non plus comme les contraires[1] que sont
opposés les termes qui tombent sous la privation et la possession, et en voici la preuve. – D'une part, pour les contraires
entre lesquels il n'existe aucun moyen, il faut nécessairement
que, dans le sujet où ils résident ou dont ils sont affirmés, l'un
d'eux soit toujours présent, car, avons-nous dit, il n'existe
30 aucun terme moyen entre les contraires dont l'un ou l'autre
doit appartenir nécessairement au sujet qui les reçoit : tel est le
cas de la maladie et de la santé, de l'impair et du pair. – D'autre
part, pour les contraires qui admettent un moyen, il n'est nullement nécessaire que l'un d'eux appartienne au sujet ; il n'est
pas nécessaire, en effet, que tout sujet qui le reçoit soit par
exemple forcément blanc ou noir, chaud ou froid, puisque rien
35 n'empêche qu'entre ces contraires on n'insère un moyen. En
outre, avons-nous dit, comportent un intermédiaire les contraires dont l'un ou l'autre n'appartient pas nécessairement au
sujet qui les reçoit, à moins cependant que l'un d'eux n'appartienne naturellement au sujet, comme, pour le feu, être chaud,
et, pour la neige, être blanche : dans ce cas, il est alors nécessaire qu'un seul des deux contraires appartienne déterminé-
40 ment au sujet, et non pas l'un ou l'autre indéterminément[2] : car

---

1. L. 26-13 a 36 : distinction entre l'opposition possession-privation et
l'opposition de contrariété. – Aristote rappelle d'abord les différentes façons
dont se produit l'opposition des contraires, tant pour les contraires qui n'admettent pas de moyen terme (l. 27-32) que pour les contraires qui admettent un
moyen terme (l. 32-13 a 3).
2. Bien que ces contraires admettent un intermédiaire.

il n'est pas possible pour le feu d'être froid, ni pour la neige d'être noire. À tout sujet destiné à les recevoir[1], l'un ou l'autre des contraires n'appartient donc pas nécessairement, à moins que nous ayons affaire uniquement à des sujets auxquels un **13 a** seul peut naturellement appartenir, et qui, dans ce cas, ne pourront recevoir qu'un seul contraire déterminé, et non pas l'un ou l'autre indifféremment.

Or, quand il s'agit de la privation et de la possession, rien de tout ce que nous venons de dire n'est vrai[2]. En effet, le sujet pris comme réceptacle n'admet pas nécessairement toujours l'un des deux opposés : ce qui n'est pas encore naturellement **5** apte à posséder la vue n'est dit ni aveugle, ni voyant. Il en résulte que ces déterminations ne font pas partie du groupe des contraires entre lesquels il n'existe aucun moyen terme. – Mais elles ne sont pas non plus au nombre des contraires qui admettent un moyen terme, puisque l'une d'elles doit, à un moment donné[3], nécessairement appartenir au sujet pris comme réceptacle. En effet, dès lors qu'un être est naturellement apte à posséder la vue, alors il sera dit soit aveugle, soit voyant, **10** non pas une seule de ces qualités déterminée, mais l'une ou l'autre indéterminément, car il n'y a pas nécessité ou que l'être soit aveugle, ou qu'il soit voyant ; ce qui est nécessaire, c'est

---

1. Aristote résume qu'il vient de dire des contraires qui ont un intermédiaire.

2. Poursuivant toujours sa comparaison avec l'opposition de contrariété, Aristote va maintenant établir que les solutions valables pour les contraires ne sauraient en aucun cas s'appliquer à l'opposition possession-privation. On ne peut ranger ces déterminations ni dans le groupe des contraires qui n'ont pas d'intermédiaire (l. 4-7), ni parmi les contraires qui ont un intermédiaire (l. 8-17).

3. Sur ποτε, l. 8, cf. Waitz, I, 314.

l'un ou l'autre de ces états indifféremment. Or pour les contraires qui ont un moyen, nous avons dit qu'il n'est jamais nécessaire que l'un ou l'autre appartienne à un sujet quelconque,
mais seulement que, dans certains sujets, un seul des deux
15 contraires bien défini devait leur appartenir. – Il en résulte
évidemment qu'aucune des deux façons dont les contraires
sont opposés ne s'applique dans le cas de termes opposés
suivant la possession et la privation.

En outre, pour les contraires[1], il peut se faire que, le
réceptacle restant le même, un changement de l'un à l'autre se
produise, à moins qu'un seul d'entre eux n'appartienne par
20 nature au sujet, par exemple, pour le feu, être chaud. Il est
possible, en effet, que le bien portant tombe malade, que le
blanc devienne noir, et le froid, chaud, et il est même possible
que l'honnête devienne vicieux, et le vicieux, honnête. En
effet, l'homme vicieux, s'il se conduit d'une meilleure façon
dans sa vie et dans ses discours, pourra, si légèrement que ce
25 soit, progresser dans le bien. Et s'il s'amende une seule fois,
même faiblement, il est clair qu'il pourra changer complètement, ou tout au moins marquer une très grande améliora-
tion; car on penche de plus en plus facilement vers la vertu, si
petit qu'ait été le progrès initial. C'est pourquoi il marquera
vraisemblablement un progrès encore plus important, et, ce
progrès croissant constamment, l'homme finira par s'établir
30 complètement dans l'état contraire, à moins d'en être empêché
par le manque de temps. – Par contre, pour la possession et la
privation, il est impossible qu'un changement réciproque se

---

1. Dernière différence entre l'opposition de contrariété et celle de la
possession à la privation.

produise : de la possession à la privation, il peut bien y avoir passage, mais de la privation à la possession, c'est impossible, car celui qui est devenu aveugle ne recouvre pas la vue, celui 35 qui est chauve ne redevient pas chevelu, et l'édenté ne voit pas repousser ses dents.

Passons à ce qui est opposé comme l'affirmation et la négation[1] : il est manifeste que l'opposition ne s'effectue selon 13 *b* aucun des modes dont nous avons parlé, car c'est dans le présent cas seulement qu'il faut de toute nécessité que toujours un opposé soit vrai et l'autre faux. En effet, ni pour les contraires, ni pour les relatifs, ni pour la possession et la privation, il n'est nécessaire que toujours l'un des opposés soit vrai, et l'autre 5 faux. Par exemple, la santé et la maladie sont des contraires : or ni l'une ni l'autre n'est vraie ou fausse. De même encore, le double et la moitié sont opposés comme relatifs, et ni l'un ni l'autre n'est vrai ou faux. Même remarque pour ce qui tombe sous la privation et la possession, comme la vue et la cécité. En un mot, aucune des expressions qui se disent sans aucune 10 liaison n'est vraie ou fausse, et tous les opposés dont nous avons parlé s'expriment sans liaison.

Il semblerait cependant qu'un tel caractère se rencontrât principalement dans les contraires qui s'expriment dans une liaison[2]. *Socrate se porte bien* est, en effet, le contraire de

1. Opposition des contradictoires (l. 37 *ad finem*). Cette opposition est celle de deux jugements, et elle a pour caractère essentiel et propre de séparer le vrai du faux.
2. Aristote démontre, dans ce passage, que les contraires, même s'ils s'expriment dans des jugements, ne participent pas pour autant au caractère propre des contradictoires, à savoir, séparer le vrai du faux. Si, en effet, le sujet n'existe pas, aucune proposition ne sera vraie. – L. 13, τὸ τοιοῦτο signifie « le vrai et le faux », ou, plus précisément, « la propriété de séparer le vrai du faux ».

15 *Socrate est malade*. Mais même dans ces expressions, il n'est
pas toujours nécessaire que l'une d'elles soit vraie et l'autre
fausse. Sans doute, si Socrate existe, l'une sera vraie et l'autre
fausse, mais s'il n'existe pas, toutes les deux seront fausses, car
ni *Socrate est malade*, ni *Socrate se porte bien* ne sont vraies,
20 si Socrate lui-même n'existe pas du tout. – En ce qui concerne
la privation et la possession[1], si le sujet n'existe pas du tout,
ni l'une, ni l'autre n'est vraie; et même si le sujet existe, il
n'arrive pas toujours que l'une soit vraie et l'autre fausse. En
effet, *Socrate possède la vue* est opposé à *Socrate est aveugle*,
comme la possession et la privation; si Socrate existe, il n'est
pas nécessaire que l'une de ces expressions soit vraie, et l'autre
fausse (car lorsque Socrate n'est pas encore naturellement
25 capable de voir, les deux propositions sont fausses); et si
Socrate n'existe pas du tout, les deux expressions sont également fausses, savoir qu'il possède la vue et qu'il est aveugle.

Il en est tout autrement pour l'affirmation et la négation :
que le sujet existe ou n'existe pas, de toute façon l'une sera
fausse et l'autre vraie. Soit, en effet, *Socrate est malade* et
30 *Socrate n'est pas malade*; si Socrate lui-même existe, il est
clair que l'une de ces deux propositions est vraie et l'autre
fausse; et s'il n'existe pas, il en est de même, car, s'il n'existe
pas, dire qu'il est malade est faux, et dire qu'il n'est pas malade
est vrai. – Ainsi, les choses qui sont opposées comme l'affirmation et la négation ont seules la propriété d'être toujours,
35 l'une vraie et l'autre fausse.

---

1. Aristote étend sa remarque à l'opposition privation-possession.

## 11
### < *Les Contraires* [1] >

Le contraire du bien est nécessairement le mal : cela est évident en vertu de l'induction [2] fondée sur des cas particuliers. Par exemple, le contraire de la santé est la maladie, du courage, la lâcheté, et ainsi de suite. Mais le **14 a** contraire d'un mal est tantôt un bien et tantôt un mal : le besoin, qui est un mal, a pour contraire l'excès, qui est un mal, et la mesure, qui est un bien, est également contraire à l'un et à l'autre. Pourtant, c'est seulement dans un petit nombre de cas qu'on peut constater pareille chose ; la plupart du temps, le mal **5** a toujours le bien pour contraire.

En outre, dans les contraires, l'existence de l'un n'entraîne pas nécessairement l'existence de l'autre : si tout le monde est bien portant, la santé existera, et la maladie n'existera pas ; de même, si tous les êtres sont blancs, la blancheur existera, à l'exclusion de la noirceur. De plus, si *Socrate est bien portant* **10** est contraire à *Socrate est malade*, comme il n'est pas possible que deux états contraires appartiennent ensemble au même sujet, il sera impossible que, l'un de ces contraires existant, l'autre existe également : si c'est le fait que Socrate est bien portant qui existe, le fait que Socrate est malade n'existera pas.

Il est évident que les contraires doivent exister naturel- **15** lement dans un sujet qui est le même par l'espèce ou par le

---

1. Les indications de ce chapitre sont des plus élémentaires. On pourra les compléter par les chapitres précédents et aussi *Métaph.*, Δ, 10, 1018 *a* 25-38, I, 4 (1054 *a* 3-1055 *b* 29).

2. ἐπαγωγή, *induction*, qui tire des données particulières des notions générales. Aristote y reviendra longuement dans *Anal. prior.*, II, 23, 68 *b* 15 et *ss.*

genre. En effet, la maladie et la santé se trouvent naturellement
dans le corps de l'animal, la blancheur et la noirceur dans un
corps, sans autre distinction, la justice et l'injustice dans l'âme
humaine.

Il est nécessaire aussi que les couples de contraires soient,
20 dans tous les cas, ou bien dans le même genre, ou bien dans des
genres contraires, ou bien enfin soient eux-mêmes des genres.
Le blanc et le noir, en effet, sont dans le même genre (la couleur, qui est leur genre), la justice et l'injustice dans des genres
contraires (car le genre de la première, c'est la vertu, et le genre
de la seconde, le vice); quant au bien et au mal, ils ne sont pas
25 dans un genre, mais ils sont eux-mêmes genres de certaines
choses.

## 12
### < L'Antérieur >

Une chose est dite *antérieure* de quatre façons[1].

En un sens premier et fondamental, c'est selon le temps
d'après lequel une chose est dite plus vieille et plus ancienne
qu'une autre : c'est parce qu'il s'est écoulé plus de temps
qu'on appelle la chose *plus vieille* et *plus ancienne*.

En second lieu, est antérieur ce qui n'admet pas de
30 réciprocation en ce qui concerne la consécution d'existence[2] :
par exemple, le nombre un est antérieur au nombre deux, car si

---

1. Sur l'Avant et l'Après, cf. *Métaph.*, Δ, 11. Voir aussi une intéressante
note de Robin, *La théorie platonicienne*, p. 612 et *ss.*
2. Aristote s'exprime d'une façon un peu obscure. Il faut comprendre *quod
consequens est alterius, quamvis ex ipso non consequatur alterum* (Waitz,
I, 317).

deux est donné, il s'ensuit immédiatement qu'un existe, tandis que si c'est un qui est donné, il ne s'ensuit pas nécessairement que deux existe. Ainsi l'existence du nombre un n'entraîne pas, par réciprocation, celle de l'autre nombre. Il semble donc bien qu'est antérieur ce dont la consécution d'existence n'admet pas de réciprocation. **35**

En troisième lieu, l'antérieur se dit par rapport à un certain ordre, comme dans les sciences et les discours. En effet, dans les sciences démonstratives, il y a l'antérieur et le postérieur selon l'ordre : les éléments sont antérieurs selon l'ordre, aux propositions géométriques[1], et, dans la grammaire, les lettres **14 b** sont antérieures aux syllabes. Et de même, dans les discours, le préambule est antérieur selon l'ordre, à l'exposition.

Outre les sens dont nous venons de parler, il y en a un autre : ce qui est meilleur et plus estimable semble bien être antérieur par nature. Dans le langage courant, on dit des **5** hommes qu'on estime le plus et qu'on aime le mieux qu'ils sont *avant* les autres. C'est là sans doute le plus détourné de tous les sens d'antérieur.

Tels sont donc, à peu près, les différents modes d'antérieur.

Il semblerait cependant qu'en dehors des sens d'antérieur **10** que nous venons d'énumérer, il y en eût un autre. Dans les choses, en effet, qui admettent la réciprocation en ce qui

---

1. Les *éléments* (στοιχεῖα) de la géométrie (c'est-à-dire explique Simplicius, 420, 11, les termes, axiomes, postulats, hypothèses...), sont antérieurs aux *propositions* géométriques (διαγράμματα). Sur le sens de στοιχεῖα et de διαγράμματα, cf. *Métaph.*, B, 3, 98 *a* 25 et 26 et la note de Ross, *Métaph.*, I, 234 ; Δ, 3, 1014 *a* 36, etc. ... L'interprétation de Pacius et de Waitz n'est pas exacte.

concerne la consécution d'existence, la cause, à un titre quelconque, de l'existence d'une autre chose semblerait devoir être antérieure par nature. Or il est évident qu'il existe des exemples de ce genre : l'homme réel se réciproque selon la
15 consécution d'existence avec la proposition qui est vraie à son sujet. Si, en effet, l'homme existe, la proposition par laquelle nous disons que l'homme existe est vraie aussi ; et réciproquement, si la proposition par laquelle nous disons que l'homme existe est vraie, l'homme existe aussi. Cependant la proposition vraie n'est en aucune façon cause de l'existence de la
20 chose ; c'est au contraire la chose qui semble être, en quelque sorte, la cause de la vérité de la proposition, car c'est de l'existence de la chose ou de sa non-existence que dépend la vérité ou la fausseté de la proposition.

C'est donc bien de cinq façons qu'une chose est dite antérieure à une autre.

### 13
#### < *Le Simultané* >

*Simultané*[1] se dit, au sens simple et le plus fondamental du
25 terme, des choses dont la génération a lieu en même temps, aucune d'elles n'étant antérieure ni postérieure à l'autre[2]. Elles sont dites simultanées dans le temps.

---

1. Sur le simultané (ἅμα), cf. *Phys.*, V, 3, 226 *b* 21, et *Métaph.*, K, 12, 1068 *b* 26-1069 *a* 14.
2. Premier sens, répondant au premier mode d'antérieur.

Sont simultanées par nature[1] les choses qui se réciproquent en ce qui concerne la consécution d'existence, sans que l'une soit d'aucune façon la cause de l'existence de l'autre. Tel est le cas du double et de la moitié : ces termes se réciproquent (car si le double existe, la moitié existe, et si la moitié existe, le 30 double existe), bien qu'aucun des deux ne soit la cause de l'existence de l'autre.

Les espèces qui, provenant de la division du même genre, sont opposées l'une à l'autre[2] sont aussi appelées simultanées par nature. Par «opposés l'un à l'autre dans la division», j'entends les termes qui sont opposés selon la même division; 35 par exemple, l'ailé est simultané au pédestre et à l'aquatique. Ces termes sont opposés dans la division, quand ils proviennent du même genre, car l'animal est divisé en des espèces comme l'ailé, le pédestre et l'aquatique; aucune d'elles n'est antérieure, ni postérieure, mais de tels termes semblent bien être simultanés par nature. Chacune de ces espèces, le pédestre, l'ailé et 15 *a* l'aquatique peut être à son tour divisée en espèces : il y aura donc aussi simultanéité naturelle pour ces dernières espèces qui proviennent du même genre, selon la même division.

Par contre, les genres sont toujours antérieurs aux espèces, car il n'y a pas réciprocité au point de vue de la consécution 5 d'existence : par exemple, si l'aquatique existe l'animal existe, mais si l'animal existe l'aquatique n'existe pas nécessairement.

---

1. Second sens, répondant aux second et cinquième sens d'antérieur.

2. Troisième sens, répondant au troisième mode d'antérieur. – Ce sont les espèces et les différences. Sur l'ἀντιδιαίρεσις, cf. Simplicius, 424, 25, qui distingue les différents διαιρέσεις. Les divisions d'un même genre sont toutes simultanées et n'admettent pas l'avant et l'après.

On appelle donc simultanés par nature les termes qui se réciproquent en ce qui concerne la consécution d'existence, sans que l'un soit, en aucune façon, la cause de l'existence de
10 l'autre ; ensuite, les espèces qui s'opposent l'une à l'autre dans la division à partir du même genre. Enfin sont simultanés, au sens simple, les êtres dont la génération a lieu en même temps.

## 14
### < Le Mouvement >

Il y a six espèces de mouvement : la génération, la corruption, l'accroissement, le décroissement, l'altération et le changement local [1].

---

1. Le mouvement. – Aristote distingue la génération *simpliciter* (γένεσις ἁπλῶς) et la génération *secundum quid* (γ. τίς) qui constituent l'une et l'autre des espèces du changement en général (μεταβολή). La γένεσις ἁπλῶς c'est le changement κατ' οὐσίαν ; les changements affectent les catégories de la quantité, de la qualité et du lieu rentrent dans la κίνησις, qui est une γένεσις τίς. Voici un tableau des différentes sortes de changements :

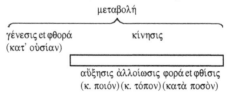

Telle est la doctrine habituelle d'Aristote affirmée dans de nombreux passages de la *Physique* (cf. notamment III, 1, 200 *b* 32 ; V, 1, *passim*) et de la *Métaphysique* (Z, 7, 1032 *a* 15 ; H, 2, 1042 *b* 8, etc). Parfois cependant, Aristote applique l'expression γένεσις et φθορά, par analogie, à toutes les catégories (cf., par exemple, *de Gen. et Corr.*, I, 3, 319 *a* 14-17).

Tous les mouvements autres < que l'altération > sont **15** manifestement différents l'un de l'autre : la génération n'est pas la corruption, pas plus que l'accroissement ou le changement local n'est le décroissement, et ainsi de suite. – Par contre, en ce qui concerne l'altération, la question se pose de savoir si l'altération de ce qui est altéré ne se ferait pas nécessairement selon l'un des autres mouvements. En fait, ce n'est pas exact : presque toutes nos affections, ou du moins la **20** plus grande partie, produisent en nous une altération qui n'a rien de commun avec les autres mouvements, car ce qui est mû selon l'affection n'est pas nécessairement augmenté ou diminué, et il en est de même pour les autres sortes de mouvement[1]. Ainsi l'altération serait distincte des autres **25** mouvements, car s'il y avait identité, il faudrait que l'altéré fût immédiatement augmenté ou diminué, ou suivi de quelque autre espèce de mouvement ; or, en fait, ce n'est pas nécessaire. – Même remarque pour ce qui est augmenté ou mû selon quelque autre mouvement : il faudrait qu'il fût altéré[2]. Or il

1. Si l'altération ne différait pas des autres mouvements, elle ne pourrait pas en être séparée, puisque rien ne peut être séparé de soi-même. Or, en fait, elle est séparée des autres espèces de changements ; elle en est donc distincte.

2. Autre argument inverse du précédent : l'accroissement, le décroissement, etc. peuvent se produire sans altération concomitante : le carré auquel on applique le gnomon change de grandeur, mais reste un carré – le gnomon est l'équerre coudée à l'angle droit, qui, ajoutée ou retranchée au carré ou au rectangle, augmente ou diminue l'aire de ces figures (cf. Simplicius, 430, 5 et *ss.* ; Philop., 202, 10 et *ss.*). Le gnomon géométrique et arithmétique paraît d'origine pythagoricienne : les Pythagoriciens s'en servaient pour expliquer la génération des nombres, et ils l'avaient emprunté à la science astronomique de leur temps. Cf. G. Milhaud, *les Philosophes géomètres de la Grèce*, 2e éd., 1934, p. 115 et *ss.* ; J. Burnet, *l'Aurore de la Philosophie grecque*, trad. fr., 1919, p. 117 et *ss.* ; L. Robin, *la Pensée grecque*, p. 72 et *ss.*, etc.

existe des choses qui s'accroissent sans altération; par
30 exemple, le carré, auquel on applique le gnomon, s'accroît
sans en être altéré, et il en est de même pour toutes les autres
figures de cette sorte. – Les mouvements seraient donc bien
distincts les uns des autres.

15 *b*        D'une manière générale, le repos est contraire au mouvement. Mais chaque espèce de mouvement a son contraire
particulier : la génération a pour contraire la corruption,
l'accroissement le décroissement, et le changement local le
repos local. < Dans ce dernier cas >, le changement qui semble
le plus opposé, c'est le changement vers un lieu contraire :
5 ainsi le mouvement vers le bas a pour contraire le mouvement
vers le haut, et le mouvement vers le haut le mouvement vers le
bas. – Quant au mouvement qui, de tous ceux dont nous avons
rendu compte, reste à examiner[1], il n'est pas facile d'établir
quel peut être son contraire. Il semble bien n'avoir aucun
contraire, à moins d'opposer, ici encore, comme contraire, soit
le repos qualitatif, soit le changement vers la qualité contraire,
10 de la même façon que le changement local a pour contraire soit
le repos local, soit le changement vers un lieu contraire. L'altération, en effet, est aussi un changement selon la qualité,
de sorte que ce qui est opposé au mouvement qualitatif, c'est
soit le repos qualitatif, soit le changement vers une qualité

---

1. L'altération. – Aristote va démontrer que, par analogie avec le mouvement local, l'altération a aussi son contraire, bien qu'il soit plus difficile à
déterminer. Cf. Simplicius, 433, 2-19 et Philop., 204, 18-21. Pour les dernières
lignes du chapitre, nous suivons la traduction de Pacius, I, 82, 83.

contraire, comme, par exemple, devenir blanc est contraire à devenir noir. Il y a altération, en effet, quand se produit un **15** changement vers des qualités contraires.

### 15
#### *< Le terme « Avoir » >*

Le terme avoir se prend en plusieurs acceptions [1].

Il est pris au sens d'état et de disposition [2] ou de quelque autre qualité : nous disons, en effet, *posséder* une science ou une vertu. – Ou encore comme quantité [3] : par exemple la grandeur de taille qu'on se trouve *avoir*, car on est dit *avoir* une **20** grandeur de trois coudées ou de quatre coudées. – Ou comme ce qui entoure le corps [4], tel qu'un manteau ou une tunique. – Ou comme ce qui est dans une partie du corps [5] : l'anneau de la main. – Ou même comme une partie du corps : la main, le pied [6]. – Ou comme dans un vase [7] : ainsi le médimne contient le blé, ou le flacon le vin, car on dit que le flacon a le vin, et le **25** médimne, le blé. Tout cela est dit *avoir* au sens de « comme dans un vase ». – C'est encore comme la possession [8] : nous disons *posséder* une maison ou un champ. – Nous disons aussi d'un homme qu'il *a* une femme, ou de la femme qu'elle *a* un

---

1. Cf. *Métaph.*, Δ, 23.
2. Référence à la qualité.
3. Référence à la quantité.
4. Référence à la catégorie de la possession.
5. Référence à la catégorie de la possession.
6. Référence à la substance car les parties du corps sont elles-mêmes des substances.
7. Référence au lieu.
8. Référence à la relation.

mari : mais le sens présentement énoncé du terme *avoir* semble bien être le sens le plus détourné, car nous ne signifions rien
30 d'autre, en disant *avoir* une femme, qu'habiter avec elle.

Peut-être pourrait-on encore mettre en évidence d'autres sens du terme *avoir* ; en tout cas, les sens habituels ont été à peu près tous énumérés.

# DE L'INTERPRÉTATION

## [*DE INTERPRETATIONE*]

Le traité *de l'Interprétation* a pour objet les jugements et les propositions. Cf. saint Thomas, *Comm. in Perihermeneias*, Vivés (éd.), I, l.1, p.2 : *liber Praedicamentorum ordinatur ad librum Perihermenias qui ordinatur ad librum Priorum et sequentes.* – Sur le sens et la définition de l'*interpretatio*, cf. saint Thomas, *Comm.* I, l.1, p.2 et 3. Boèce donnait la définition suivante : *Interpretatio est vox significativa per se ipsam aliquid significans, sive complexa, sive incomplexa*, ce qui exclut conjonctions et prépositions et aussi *voces significantes naturaliter* (les cris des animaux, par exemple). Mais saint Thomas fait remarquer avec raison que *nomen et verbum magis interpretationis principia esse videntur quam interpretationes*, et, selon lui, le livre traite de *enunciativa oratione in qua verum vel falsum invenitur*, le nom et le verbe n'y étant étudiés que comme des parties de la proposition. Pour Waitz, I, 324, on doit comprendre le terme ἑρμηνεία *de communicatione sermonis... cujus principia in hoc libro tradantur*. Au surplus, ce terme latin *latius patet quam* λέξις, qu'on peut traduire par *diction*, *élocution*, et qui est une interprétation littérale, διὰ τῆς ὀνομασίας ἑρμηνείαν, (Aristote, *Poét.*, 6, 1450 *b* 14).

Sur les difficultés considérables du traité, cf. encore Waitz, *eod. loc.* : *satis est dicere quod fuerunt qui eum explicari omnino non posse arbitrarentur.* [N.d.T.]

# 1

## < *Paroles, pensées et choses – Le vrai et le faux* >

Il faut d'abord établir la nature du nom et celle du verbe : <sup>16 a</sup>
ensuite celle de la négation et de l'affirmation, de la proposition et du discours[1]. – Les sons émis par la voix sont les
symboles[2] des états de l'âme, et les mots écrits les symboles
des mots émis par la voix. Et de même que l'écriture n'est pas 5
la même chez tous les hommes, les mots parlés ne sont pas non
plus les mêmes, bien que les états de l'âme dont ces expressions sont les signes immédiats[3] soient identiques chez tous,
comme sont identiques aussi les choses dont ces états sont les
images. Ce sujet[4] a été traité dans notre livre *de l'Âme*, car il

---

1. Aristote commence par poser les définitions des éléments du discours
avant d'étudier le discours en lui-même, car, en toute science, *opportet... trac-
tare de enuntiatione, praemittere de partibus ejus* (saint Thomas, I, l. 1, p. 3).

2. L. 3, τὰ ἐν τῇ φωνῇ *non verba intelligit, sed quaecumque proferuntur
per linguam* (Waitz, I, 324). – Sur la différence entre σύμβολον et σημεῖον,
d'une part, et μίμημα et ὁμοίωμα, d'autre part, cf. *ibid.*, 325. Le symbole est un
signe conventionnel, et les sons de la voix sont la traduction des états de l'âme.
Le mot σύμβολον a, dans la physique aristotélicienne, un sens très différent de
celui-ci : cf. *de Gen. et Corr.*, II, 4, 331 *a* 24, et la note de notre édition p. 109.

3. Sur πρώτως, cf. *Catég.*, 5, 2 *a* 11, et la note 3, p. 23.

4. L. 8, περὶ τούτων = παθημάτων τῆς ψυχῆς. Renvoi probable au *de
Anima*, III, 6.

intéresse une discipline différente. – Et de même qu'il existe
10 dans l'âme tantôt un concept indépendant du vrai ou du faux,
et tantôt un concept à qui appartient nécessairement l'un ou
l'autre, ainsi en est-il pour la parole ; car c'est dans la composition et la division que consiste le vrai et le faux [1]. En eux-
mêmes les noms et les verbes sont semblables à la notion qui
n'a ni composition, ni division : tels sont *l'homme*, *le blanc*,
15 quand on n'y ajoute rien, car ils ne sont encore ni vrais, ni faux.
En voici une preuve : *bouc-cerf* signifie bien quelque chose,
mais il n'est encore ni vrai, ni faux, à moins d'ajouter qu'*il est*
ou qu'*il n'est pas*, absolument parlant ou avec référence au
temps [2].

## 2
### *< Le Nom – Noms simples et noms composés – Les cas >*

Le nom [3] est un son vocal, possédant une signification
conventionnelle, sans référence au temps, et dont aucune partie
20 ne présente de signification quand elle est prise séparément.
Dans le nom Κάλλιππος, en effet, ἵππος n'a en lui-même et
par lui-même [4] aucune signification, comme dans l'expression

---

1. Dire vrai, c'est dire uni ce qui est uni et séparé ce qui est séparé ; dire
faux, c'est dire séparé ce qui est uni et uni ce qui est séparé. Cf. *Métaph.*, E, 4, et
Θ, 10 (avec les notes de notre traduction, I, p. 235, et II, p. 54 [ 2004, p. 68]).

2. L. 18, ἁπλῶς a le sens d'ἀορίστως, *simpliciter*, et κατὰ χρόνον signifie
κατὰ χρόνον τινὰ ὡρισμένον. Cf. Trendel., *Elementa*, p. 53 : ἁπλῶς *simpliciter eam affirmationis vel negationis necessitatem indicat, quae quasi tempore
major in omni tempore dominetur ; cuus modi genus praesenti effere solemus.*
κατὰ χρόνον *contra enunciatum certo quodam tempore cohibet.*

3. Sur la définition du nom ὄνομα, cf. *Poet.*, 20, 1457 *a* 10.

4. « En lui-même et par lui-même », mais à la condition de considérer
ἵππος comme partie du composé, car il est évident que ἵππος présente une

Καλὸς ἵππος. – Pourtant ce qui a lieu dans les noms simples
n'a pas lieu dans les noms composés : pour les premiers, la
partie ne présente aucune signification quelconque, tandis
que, pour les derniers, elle contribue à la signification du tout, **25**
bien que, prise séparément, elle n'ait aucune signification ; par
exemple dans le mot ἐπακτροκέλης < *vaisseau de pirate* >, le
mot κέλης < *vaisseau* > ne signifie rien par lui-même. – *Signi-*
*fication conventionnelle*, < disons-nous >, en ce que rien n'est
par nature un nom, mais seulement quand il devient symbole[1],
car même lorsque des sons inarticulés, comme ceux des bêtes,
signifient quelque chose, aucun d'entre eux ne constitue
cependant un nom.

*Non-homme* n'est pas un nom. Il n'existe, en effet, aucun **30**
terme pour désigner une telle expression, car ce n'est ni un discours, ni une négation. On peut admettre que c'est seulement
un nom indéfini [car il appartient pareillement à n'importe
quoi, à ce qui est et à ce qui n'est pas][2]. –*De Philon, à Philon*, et
autres expressions de ce genre, ne sont pas des noms, ce sont **16 b**

---

signification quand on le prend comme un nom simple. – Il en est de même
pour le terme ἐπακτροκέλης, l. 26, *infra*. Cf. Pacius, II, 63 : *verbum ἐπ, etsi*
*est nomen compositum, tamen unum simplicem conceptum significat.* Et le
commentateur donne comme exemple le mot *omnipotens* ; en effet, *alius est*
« *potens » quod est nomen per se, alius est « potens » quod est pars nominis*
« *omnipotens »... haec in compositione ita confundi ut fiant partes consti-*
*tuentes unum nomen significans unam rem : quemadmodum elementa in corpo-*
*reibus mixtis constituendis, ita commiscentur et rem unam constituant.*

1. C'est-à-dire traduction de ce qui se passe dans l'esprit.

2. Passage douteux, supprimé par Waitz, qui estime que ce membre de
phrase fait double emploi avec *b* 15 ci-dessous. Cette raison n'est peut-être pas
suffisante, étant donnée l'habituelle négligence d'Aristote. Aussi est-il préférable de maintenir ces mots.

les « cas »[1] d'un nom. La définition de ces cas[2] est pour tout le reste identique à celle du nom, mais la différence c'est que, couplés avec *est*, *était* ou *sera*, ils ne sont ni vrais, ni faux, contrairement à ce qui se passe toujours pour le nom. Par exemple *de Philon est* ou *de Philon n'est pas* sont des 5 expressions qui n'ont rien de vrai, ni de faux.

### 3
### < *Le Verbe* >

Le verbe[3] est ce qui ajoute à sa propre signification[4] celle du temps : aucune de ses parties ne signifie rien prise séparément, et il indique toujours quelque chose d'affirmé de quelque autre chose. – Je dis qu'il signifie, en plus de sa signification propre, le temps : par exemple, *santé* est un nom, tandis que *est en bonne santé* est un verbe, car il ajoute à sa propre

---

1. Sur la définition de πτῶσις, cf. *Categ.*, 1, 1 *a* 14 et la note 4, p. 18.

2. L. 2 αὐτοῦ. Le sens réclame le pluriel, mais Aristote passe souvent du singulier au pluriel et *vice versa*. Sur ce changement de nombre, cf. Waitz, I, 534 (*ad Anal. prior.*, II, 26, 69 *b* 3).

3. Sur la définition du verbe (ῥῆμα), cf. *Poet.*, 20, 1457 *a* 14. – Dans la langue d'Aristote et aussi dans celle de Platon (cf. *Sophiste*, 262 *c*; *Cratyle*, 399 *b*), le mot ῥῆμα exprime l'acte de qualifier un sujet ou la qualification qu'on lui donne, plus généralement tout ce qu'on énonce d'un sujet. Le ῥῆμα verbe est donc lui-même un prédicat. Sa décomposition en *copule* et *participe* (cf. *Anal. prior*, I, 46, 51 *b* 12; *Métaph.*, Δ, 7, 1017 *a* 28) n'est faite que dans les propositions *de tertio adjacente* (Socrate est homme); dans les propositions *de secundo adjacente* (Socrate marche), le verbe désigne l'ensemble du verbe et du prédicat.

4. Cf. Pacius, I, 89 : *aliud significare, aliud adsignificare. Quaenam nomina significant tempus, ut hora, dies, mensis, annus; sed proprium verbi est adsignificare tempus, id est rei principaliter significatae adjicere tempus quod a res est, ut « currit » significat cursum qui nunc est, « currebat » cursum qui ante fuit.*

signification l'existence actuelle de cet état. – De plus, le verbe 10
est toujours le signe de ce qu'on dit d'une autre chose, savoir
de choses appartenant à un sujet ou contenues dans un sujet.

Une expression comme *ne se porte pas bien* ou *n'est pas
malade* n'est pas un verbe : bien qu'elle ajoute à sa signification celle du temps et qu'elle appartienne toujours à un sujet,
cette variété[1] ne possède pas de nom. On peut l'appeler seulement un verbe indéfini, puisqu'elle s'applique indifféremment 15
à n'importe quoi, à l'être et au non-être. – Même remarque
pour *il se porta bien* ou *il se portera bien*; ce n'est pas là un
verbe, mais un « cas » de verbe[2]. Il diffère du verbe en ce que le
verbe ajoute à sa signification celle du temps présent, tandis
que le cas marque le temps qui entoure le temps présent[3].

En eux-mêmes et par eux-mêmes ce qu'on appelle les
verbes sont donc en réalité des noms[4], et ils possèdent une
signification déterminée (car, en les prononçant, on fixe la 20
pensée de l'auditeur, lequel aussitôt la tient en repos), mais
ils ne signifient pas encore qu'une chose est ou n'est pas. Car
*être* ou *ne pas être* ne présente pas une signification se rapportant à l'objet, et pas davantage le terme *étant*, lorsqu'on se
contente de les employer seuls. En elles-mêmes, en effet, ces

1. Cf. Ammonius, *in de Interpr. Comm.*, 51, 31 : διαφορὰν καλεῖ (*id.*
Aristote) τὴν ἑτερότητα τοῦ ἀορίστου ῥήματος πρὸς τὸ ὡρισμένον.

2. πτῶσις peut ici se traduire par *temps* grammatical.

3. C'est-à-dire le passé ou le futur. *Verum et perfectum verbum est quod
rem significat in tempore praesenti* (Pacius, II, 66).

4. La définition du nom posée *supra*, l. *a* 19, s'applique au verbe, car le
nom n'est rien d'autre que ce qui signifie quelque concept simple de l'esprit, et
c'est là un terme général qui englobe le verbe. Or que la signification du verbe
proprement dit soit celle d'un concept déterminé, ce n'est pas douteux : le terme
« court » par exemple fixe la pensée sur un point nettement défini.

expressions ne sont rien, mais elles ajoutent à leur propre sens
25 une certaine composition[1] qu'il est impossible de concevoir
indépendamment des choses composées[2].

## 4
### < Le Discours >

Le discours[3] est un son vocal [possédant une signification
conventionnelle][4], et dont chaque partie, prise séparément,
présente une signification comme énonciation et non pas
comme affirmation [ou négation][5]. Je veux dire que, par
exemple, le mot *homme* signifie bien quelque chose, mais non
pas cependant qu'il est ou n'est pas : il n'y aura affirmation ou
30 négation que si on y ajoute autre chose. Toutefois[6] une seule
syllabe du mot *homme* ne signifie rien, pas plus que, dans
*souris*, la syllabe ris n'est significative ; en fait, ce n'est qu'un
son. C'est seulement dans les mots composés que la syllabe est
significative, bien que ce ne soit pas par elle-même, ainsi que
nous l'avons dit plus haut[7].

1. En joignant l'attribut au sujet.

2. C'est-à-dire *extra orationem* (Pacius, I, 90).

3. Sur la définition de λόγος (sens très vague : locution, phrase, discours,
sentence, énonciation…), cf. *Poet.*, 20, 1457 a 23.

4. Passages douteux, omis par Waitz (I, 331), Edgehill, suivant plusieurs
manuscrits.

5. *Ibid.*

6. L. 31 et *ss.*, la suite des idées est bien indiquée par saint Thomas (I, l. VI,
p. 20). Aristote a dit plus haut que la partie du discours est significative, prise
séparément ; il ajoute ici qu'il n'en est pas de même pour la partie de la partie,
par exemple les syllabes et les lettres. *Et ideo dicitur quod pars orationis est
significativa separata ; non tamen talis pars quae est una nominis syllaba.*

7. Cf. 2, 16 *a* 22-26. – La syllabe est significative, c'est-à-dire contribue à
la signification du tout.

Tout discours a une signification, non pas toutefois comme 17 *a*
un instrument naturel[1], mais, ainsi que nous l'avons dit, par
convention. Pourtant tout discours n'est pas une proposition,
mais seulement le discours dans lequel réside le vrai ou le faux,
ce qui n'arrive pas dans tous les cas : ainsi la prière est un
discours, mais elle n'est ni vraie, ni fausse. – Laissons de côté 5
les autres genres de discours : leur examen est plutôt l'œuvre
de la Rhétorique ou de la Poétique[2]. C'est la proposition que
nous avons à considérer pour le moment.

## 5
### < *Propositions simples et propositions composées* >

La première espèce de discours déclaratif, c'est
l'affirmation ; la suivante, la négation[3]. Tous les autres
discours ne sont un que par la liaison des parties[4].

---

1. L. 1, ὡς ὄργανον, par opposition à κατὰ συνθήκην, *ex convento*
(cf. *supra*, 2, *init.*, et 4, *init.*).

2. Cf. *Poet.*, 19, 1456 *b* 11.

3. ἀπόφασις, λόγος ἀποφαντικός, c'est la proposition, le discours déclaratif d'attribution en général ; on l'appelle πρότασις en tant que prémisse d'un syllogisme (cf. Trendel., *Elementa*, p. 55), et les *Analytiques* l'emploient exclusivement en ce sens. La proposition affirmative se dit κατάφασις, et la proposition négative, ἀπόφασις.
L'affirmation est la *première* espèce du discours déclaratif, en ayant soin de prendre πρῶτος au sens fort, habituel chez Aristote, de primordial : l'affirmation est antérieure à la négation, comme la possession à la privation. Cf. *Anal. post.*, I, 25, 86 *b* 33 : ἡ δὲ καταφατικὴ τῆς ἀποφατικῆς προτέρα καὶ γνωριμωτέρα ; *de Coelo*, II, 3, 286 *a* 25.

4. L'unité de liaison est, par exemple, celle de l'*Iliade* (*Poet.*, 20, 1457 *a* 28) et, d'une façon générale, toutes les énonciations composées (Pacius, II, 69).

**10**     Toute proposition dépend nécessairement d'un verbe ou
du cas d'un verbe[1] : et, en effet, la notion de l'*homme*, où l'on
n'ajoute ni *est*, ni *était*, ni *sera*, ni rien de ce genre, ne constitue
pas encore une proposition. – Mais alors pourquoi une expression telle que animal-pédestre-bipède est-elle quelque chose
d'un et non de multiple ? Ce n'est certes pas le fait que ces mots
sont prononcés à la suite l'un de l'autre qui rendra l'expression
une. Quoiqu'il en soit, c'est d'une autre discipline que relève
la solution de ce problème[2].

**15**     Est un le discours déclaratif qui exprime soit une chose
une, soit une unité résultant de la liaison des parties[3]; par
contre, sont composées les propositions qui expriment une
multiplicité et non un objet un, ou dont les parties n'ont pas de
lien. – Appelons donc le nom ou le verbe une simple énonciation[4], attendu qu'on ne peut pas dire qu'en exprimant quelque
chose de cette façon on forme une proposition, qu'il s'agisse
ou bien d'une réponse, ou bien d'un jugement spontanément
émis[5].

---

1. Cf. *infra*, 10, 19 *b* 12, où cette assertion est démontrée.
2. Renvoi à *Métaph.*, Δ, 6; Z, 12; H, 6. Voir aussi *infra*, 11, *init.* C'est le
problème de l'unité de la définition. – L. 13, nous lisons, avec Waitz (I, 332), δι'
ὅ τι δέ... *cur autem.* – L. 14, τῷ σύνεγγυς : *partes ejus sunt propinquae, idest
sine aliqua interpositione conjunctionis vel morae* (saint Thomas, I, l. VIII,
p. 24).
3. Cf. *Poet.*, 20, 1457 *a* 28 déjà cité. Cf. aussi *Anal. post.*, II, 10, 93 *b* 35.
4. φάσις est la simple énonciation.
5. De toute façon, veut dire Aristote, soit qu'on réponde par un seul nom à
une interrogation (*quis est in scholis ? Magister*), soit qu'on émette *sua sponte*
un jugement quelconque (*Petrus currit*), le nom (*magister*) ou le verbe (*currit*)
employé seul ne suffit pas à constituer un jugement, un discours déclaratif
exprimant une chose une (cf. Ammonius, 76, 19 et *ss.*, saint Thomas, I, l. VIII,
p. 26).

Une espèce de ces propositions est simple : par exemple, **20**
affirmer quelque chose de quelque chose, ou nier quelque
chose de quelque chose. L'autre espèce comprend les propositions formées de propositions simples : c'est le cas, par
exemple, pour un discours déjà composé. – La proposition
simple est une émission de voix possédant une signification
concernant la présence ou l'absence d'un attribut dans un
sujet, suivant les divisions du temps [1].

### 6
### < L'Affirmation et la Négation ; leur opposition >

Une affirmation est la déclaration qu'une chose se rapporte **25**
à une autre chose ; une négation est la déclaration qu'une chose
est séparée d'une autre chose [2]. – Et puisqu'il est possible
d'affirmer ce qui appartient à une chose comme ne lui appartenant pas [3], ce qui ne lui appartient pas comme lui appartenant [4], ce qui lui appartient comme lui appartenant [5], ce qui ne
lui appartient pas comme ne lui appartenant pas [6], et qu'on le
peut également suivant les temps qui se trouvent en dehors du

---

1. ὡς οἱ χρόνοι διῄρηνται. Cf. *supra*, 1, 16 *a* 18. Le sens est le suivant : la
proposition simple concerne la présence ou l'absence d'un attribut, dans le
présent, le passé ou le futur.

2. Sur le défaut d'intermédiaire entre l'affirmation et la négation, cf. *Anal.
post.*, I, 2, 72 *a* 12, et *Métaph.*, I, 4, 1055 *b* 2.

3. Fausse négation.

4. Fausse affirmation.

5. Vraie affirmation.

6. Vraie négation.

30 moment présent[1], tout ce qu'on a affirmé il sera possible de le
nier, et tout ce qu'on a nié de l'affirmer. Il est par suite évident
qu'à toute affirmation répond une négation opposée, et à toute
négation une affirmation. – Appelons *contradiction*[2] l'opposition d'une affirmation et d'une négation. Et j'entends par
*opposée* la proposition qui énonce le même attribut du même
35 sujet, mais en un sens qui ne soit pas simplement homonyme[3],
sans préjudice d'autres précisions de ce genre[4] que nous
ajoutons pour parer aux subtilités sophistiques.

7

&lt; L'Universel et le Singulier – L'opposition des propositions :<br>contradiction et contrariété &gt;

Puisqu'il y a des choses universelles[5] et des choses singulières (j'appelle *universel* ce dont la nature est d'être affirmé
40 de plusieurs sujets, et *singulier* ce qui ne le peut : par exemple,

---

1. *Id circa praeterita vel futura, quae sunt, quodammodo extrinseca
respectu praesentis, quia praesens est medium praeteriti et futuri* (saint
Thomas, I, l. IX, p. 29).

2. La contradiction se dit ἀντίφασις, et l'opposition contradictoire
ἀντικεῖσθαι ἀντιφατικῶς; la contrariété se dit ἐναντίωσις, et l'opposition
des contraires ἀντικεῖσθαι ἐναντίως.

3. μὴ ὡμομύμως, c'est-à-dire que le sujet et le prédicat doivent, dans les
deux propositions, ne pas présenter seulement – une pseudo-identité, mais être
réellement les mêmes. Cf. Pacius, II, 73 : *debent igitur termini esse iidem et
eodem modo accepti ita ut vitetur homonymia, amphibolia et reliqui sophis-
matum fontes.*

4. Même formule dans *Métaph.*, Γ, 3, 1005 *b* 21 et 27 (et Bonitz, *In Métaph.
Comm.*, 187). Cf. aussi *Soph. Elench.*, 5, 167 *a* 23. Saint Thomas, I, l. IX,
p. 29, ramène à quatre les déterminations plus précises qu'Aristote se réserve
d'apporter.

5. Sur le sens du terme καθόλου, cf. la dissertation de Waitz, I, 334.

*homme* est un terme universel, et *Callias* un terme individuel), **17 *b***
nécessairement la proposition que telle chose appartient ou
n'appartient pas à un sujet s'appliquera tantôt à un universel,
tantôt à un singulier.

Si donc on énonce universellement d'un universel, d'une
part, qu'une chose lui appartient, et, d'autre part, qu'elle ne lui
appartient pas, on aura des propositions contraires[1]. Par *énon-* **5**
*cer d'un universel universellement*, j'entends, par exemple,
former des propositions telles que *tout homme est blanc*, *nul*
*homme n'est blanc*. – Mais quand, tout en portant sur l'universel, les propositions ne sont pas énoncées universellement[2], ce
ne sont pas là des propositions contraires, bien que les choses
exprimées soient parfois des contraires[3]. Voici des exemples

---

1. *Praedicari de universali universaliter*, c'est attribuer quelque chose-
distributivement à un universel, en raison de sa nature même d'universel : la
spécification (προσδιορισμός) *tout* (πᾶς, *omnis*) est alors ajoutée dans les
affirmatives (*omnis homo est albus*), et la spécification *nul* (οὐ τις, *nullus = non*
*ullus*) dans les négatives (*nullus homo est albus*). – *Praedirari de universali non*
*universaliter*, c'est attribuer quelque chose à un sujet universel en raison de sa
nature d'individuel (*individuum vagum*), car *homme* comprend *chaque* homme.
On emploie alors le terme *quelque* (τις, *quidam*, *aliquis*) dans les affirmatives
(*quidam homo est albus*), et le terme *quelque... ne* (οὐ πᾶς, *non omnis*) dans les
négatives (*non omnis homo est albus*). La proposition *particulière* est donc une
proposition *universelle* prise *particulièrement*; elle ne doit pas être confondue
avec la proposition *singulière* (*Socrate est blanc*). Cf. saint Thomas, I, l. XI,
p. 32 et *ss.*, qui expose parfaitement toutes ces distinctions.

2. *Praedicari de universali non universaliter*, c'est attribuer quelque chose
à un sujet universel d'une manière indéfinie : les propositions ne sont affectées
ni d'une spécification universelle, ni d'une spécification particulière (*homo est*
*albus*, *homo non est albus*). Ces propositions sont appelées propositions *indé-*
*finies*, car elles font abstraction de l'universalité et de l'individualité.

3. Il s'agit vraisemblablement du cas où les propositions indéfinies sont
prises pour des universelles : la forme même n'est pas universelle (car le terme
*tout* n'y est pas), et en ce sens l'affirmation et la négation ne sont pas contraires,
mais dans l'esprit elles sont cependant contraires. Saint Thomas, I, l. X, p. 34,

de propositions portant sur des universels, mais qui ne sont pas
énoncées universellement : *l'homme est blanc, l'homme n'est*
10 *pas blanc. Homme* est bien un universel, mais la proposition
n'est pas prise universellement, car le terme *tout* n'exprime
pas l'universel[1], mais seulement que le sujet universel est pris
universellement. – Mais si au prédicat universel on attribue
l'universel, la proposition ne sera pas vraie, car ne peut être
vraie aucune affirmation dans laquelle l'universel est attribué
15 au prédicat universel : telle la proposition *tout homme est tout*
*animal*[2].

donne l'exemple suivant : *Homo est animal, homo non est animal : hae enun-*
*ciationes habent vim ratione significati ac si diceretur omnis homo est animal,*
*nullus homo est animal.* Cf. dans le même sens, Pacius, II, 73.

    1. Le terme tout n'exprime pas l'universel du sujet, *quia non apponitur*
*haec dictio « omnis »* (saint Thomas, l. X, p. 34).

    2. Aristote précise que la distinction qu'il vient d'établir *ex parte subjecti*
entre les propositions où l'universel est pris *universaliter* (propositions universelles) et celles où l'universel est pris non *universaliter* (propositions indéfinies), ne peut être appliquée *ex parte praedicati.* C'est réfuter par avance la
théorie de la quantification du prédicat telle qu'elle a été exposée et défendue
surtout par Hamilton (cf. sur cette théorie, notre *Traité de Logique formelle,*
p. 125 ; cf. encore Lalande, *Vocabulaire philosophique,* II, 662, et les remarques
de J. Lachelier et de M. Blondel). – Le raisonnement d'Aristote est parfaitement
développé par saint Thomas, I, l. X, p. 34-35 et par Pacius, I, 94, qui s'inspi-
rent d'ailleurs, l'un et l'autre, d'Ammonius et de Boèce. Voici comment Pacius
démontre que le prédicat n'est susceptible d'aucune quantité. Si l'attribut a une
extension plus grande que le sujet, pas de difficulté ; c'est le seul cas expres-
sément visé par Aristote : il est clair que *tout homme* n'est pas *tout animal.* Mais
si l'attribut se réciproque avec le sujet, en raison de leur extension égale, la
solution n'est pas aussi évidente : ne petit-on pas dire que *tout homme* est *tout*
*être raisonnable* ou *tout être doué de rire* ? Non. *Si omnis homo,* dit Pacius, *esset*
*omne aptum ad ridendum, etiam Socrates esset quodvis aptum ad ridendum,*
*Socrates igitur esset Plato, et Aristoteles, et quodvis aliud aptum ad ridendum,*
ce qui est absurde.

    Quant au texte lui-même d'Aristote, que nous avons traduit littéralement,
il doit être bien compris. Le sens est le suivant : si le prédicat universel est pris

L'opposition que j'appelle *de contradiction* est donc celle d'une affirmation exprimant un sujet universel < pris universellement > à une négation exprimant le même sujet non pris universellement [1].

Par exemple :

*Tout homme est blanc. – Quelque homme n'est pas blanc.*
*Nul homme n'est blanc. – Quelque homme est blanc* [2].

L'opposition *de contrariété* est celle de l'affirmation d'un **20** sujet universel à la négation d'un sujet universel : par exemple,

*[Tout homme est blanc. – Nul homme n'est blanc]* [3].
*Tout homme est juste. – Nul homme n'est juste* [4].

---

*universaliter* (c'est-à-dire si on lui attribue la note, universelle et distributive, *tout*), la proposition n'est pas vraie, car aucune affirmation ne petit être vraie dans laquelle un prédicat universel est attribué *universaliter*, etc. En un mot il ne faut pas que le sujet et le prédicat d'une proposition soient tous les deux des universels pris *universaliter*. Cf. l'excellente traduction latine de Pacius, I, 93 : *Attributum autem universale si universaliter attribuitur, non est verum pronunciatum; nulla enim affirmatio vera erit in qua, cum attributum sit universale, universaliter attribuitur.*

1. Dans les contradictoires, non seulement le sujet de la négative n'est pas pris *universaliter*, mais encore il est pris *particulariter*; autrement dit la proposition négative est une négative particulière : οὐ πᾶς = *non omnis* = *quelque ...ne*. L'exemple d'Aristote qui suit : οὐ πᾶς ἄνθρωπος λευκός se traduit en latin par *non omnis homo est albus*, qui équivaut à *quidam homo non est albus*, ce que nous exprimons en français par *quelque homme n'est pas blanc*.

2. Dans la figuration de la logique classique (*Asserit A, negat E, verum generaliter ambo – Asserit I, negat O, verum particulariter ambo*), nous obtenons pour les deux exemples d'Aristote : A-O et E-I.

3. Exemple supprimé par Waitz, I, 337-338, comme faisant double emploi avec le suivant. La raison n'est évidemment pas sans réplique, et il est sans doute préférable de suivre Bekker, qui conserve ces mots.

4. On a donc A-E.

On voit que ces dernières propositions[1] ne peuvent pas être vraies en même temps, tandis que leurs opposées[2] peuvent parfois être vraies en même temps du même sujet : par
25 exemple, *quelque homme n'est pas blanc* et *quelque homme est blanc*. – Dans tout couple de contradictoires portant sur des universels[3] et prises universellement, l'une est ainsi nécessairement vraie, et l'autre nécessairement fausse. Et c'est aussi le cas de celles qui portent sur le singulier : par exemple, *Socrate est blanc*, *Socrate n'est pas blanc*[4]. – Mais pour les propositions qui, tout en portant sur des universels, ne sont pas
30 prises universellement[5], on ne peut pas toujours dire que l'une

1. C'est-à-dire les propositions contraires, lesquelles ne peuvent être vraies ensemble, mais peuvent être fausses ensemble, ou l'une vraie et l'autre fausse (cf. Pacius, I, p. 94, n. *c*).

2. I et O, c'est-à-dire les particulières *subcontraires*. Ces propositions, qui sont, respectivement, les contradictoires des universelles affirmative et négative, peuvent être vraies l'une et l'autre.

3. Plus précisément, quand l'une des contradictoires est universelle et l'autre particulière, comme *supra*, A-O et E-I. – Cf. Trendel., p. 72 : *Contradicere nihil aliud est, quam quod affirmatum est negare et quod negatum est affirmare, ut inter utrumque nihil medii intercedere possit ; nam aliquid aut affirmatur aut negatur ; tertium esse non potest.*

4. Les propositions *singulières* (qu'il ne faut pas confondre avec les propositions *particulières*) sont celles qui portent sur tel individu déterminé, sur Socrate par exemple. La négative contredit l'affirmative, parce que, à la différence de ce qui se passe pour les particulières et, *a fortiori*, pour les universelles, leur sujet est nécessairement le même (et non plus un *individuum vagum*).

5. Les propositions indéfinies ne sont contradictoires qu'en apparence. On ne peut pas, en effet, toujours dire que l'une soit vraie et l'autre, fausse. *In materia necessaria* (*homo est animal, homo non est animal*) l'affirmation est vraie, la négation est fausse ; *in materia impossibili* (*homo est lapis, homo non est lapis*), l'affirmation est fausse et la négation, vraie. C'est seulement *in materia contingenta* que l'affirmation et la négation peuvent être vraies l'une et l'autre : tels sont les exemples donnés par Aristote, l'homme est beau, l'homme est laid : ce sont des propositions dont l'une exclut l'autre et qui sont vraies l'une et

soit vraie et l'autre fausse ; en effet, il est vrai de dire à la fois
que l'homme est blanc et que l'homme n'est pas blanc, que
l'homme est beau et que l'homme n'est pas beau, car si
l'homme est laid il n'est pas beau, et s'il devient quelque chose
il n'est pas encore cette chose. On pourrait penser à première
vue que c'est là une absurdité[1], en raison de ce que la proposition *l'homme n'est pas blanc* semble bien signifier en même **35**
temps *nul homme n'est blanc*. Pourtant ces propositions ni ne
signifient la même chose, ni ne sont nécessairement en même
temps < vraies ou fausses >.

Il est évident aussi qu'à une seule affirmation répond une
seule négation, car il faut que la négation nie l'attribut même
qui était précisément affirmé par l'affirmation et qu'elle porte **40**
sur le même sujet, sujet singulier[2] ou sujet universel, < ce **18 a**
dernier pouvant être pris soit > universellement, soit non-
universellement : quand je dis, par exemple[3], *Socrate est*
*blanc, Socrate n'est pas blanc*. Mais si[4] c'est un autre prédicat,
ou si, le prédicat demeurant le même, c'est un autre sujet, on se
trouvera alors en présence, non pas d'une négation opposée,

---

l'autre, car il y a des hommes beaux et il y a des hommes laids, et, même, s'il y
en a qui deviennent beaux ou laids, ils ne le sont pas encore. Sur le raisonnement
d'Aristote, cf. saint Thomas, I, l. XI, p. 38.

1. Savoir, que les propositions indéfinies sont vraies en même temps. Ces
propositions semblent universelles mais elles n'ont pas de προσδιορισμός et
sont seulement, en fait, indéfinies.

2. L. 40, ἤ τῶν καθ᾽ ἕκαστά τινος = ἤ ἀπό τινος τῶν καθ᾽ ἕκαστά.

3. Aristote prend pour exemple un sujet singulier.

4. Cf. saint Thomas, I, l. XII, 39 : *hoc (quod uni affirmationi una negatione*
*opponitur) non contingit fieri nisi uno modo : ita scilicet ut negatio neget id*
*quod affirmatio posuit et nihil aliud... Si vero esset aliud praedicatum vel aliud*
*subjectum, non esset negatio opposita sed omnino diversa.*

mais d'une négation toute différente. À *tout homme est blanc*[1]
5  est opposé *quelque homme n'est pas blanc*; à *quelque homme
est blanc*[2], *nul homme n'est blanc*; à *l'homme est blanc*[3],
*l'homme n'est pas blanc.*

Nous venons ainsi de montrer qu'à une seule affirmation
une seule négation est opposée contradictoirement, et nous
avons indiqué quelles sont ces propositions. Nous avons ajouté
10  que les contraires sont de tout autres propositions, et nous
avons expliqué aussi quelles sont ces propositions. Nous avons
enfin établi que deux contradictoires ne sont pas toujours l'une
vraie, et l'autre fausse[4]; nous avons dit pourquoi, et quand la
vérité de l'une entraîne la fausseté de l'autre.

8

*< De l'unité et de la pluralité des propositions
Les propositions équivoques et leur opposition >*

Est une[5] l'affirmation ou la négation qui exprime un seul
attribut d'un seul sujet, que le sujet soit universel et pris

---

1. Aristote propose maintenant des exemples pour illustrer ce qu'il vient de
dire. – D'abord une universelle affirmative prise universellement.

2. Universelle affirmative prise particulièrement.

3. Universelle affirmative prise non universellement (proposition indéfinie).

4. Les propositions indéfinies sont, en apparence seulement, des contradictoires, mais peuvent en fait être vraies ou fausses en même temps. – L. 11,
ἀληθὴς ἤ ψευδὴς ἀντίφασις est dit pour ἀντιφασις τὴν μὲν ἀεὶ ἔχουσα
ἀληθῆ τὴν δὲ ψευδῆ.

5. L'objet d'Aristote est de démontrer que, dans tous les cas, l'affirmation
ou la négation est une, même si le sujet, étant universel (pris universellement ou
non), subsume une multiplicité réelle de singuliers. Une seule condition est
requise : l'unité, la synonymie du prédicat. La raison en est que le prédicat n'est

universellement, ou qu'il n'en soit pas ainsi[1]. Par exemple : **15**
*tout homme est blanc, quelque homme n'est pas blanc*;
*l'homme est blanc*, *l'homme n'est pas blanc*; *nul homme n'est*
*blanc*, *quelque homme est blanc*, à la condition toutefois que le
mot *blanc* reçoive une seule signification.

Par contre, si un seul nom est appliqué à deux choses qui
n'en forment pas dans la réalité une seule, l'affirmation n'est
pas une[2] [et la négation n'est pas une non plus][3]. Par exemple,
si on pose que le mot *vêtement* signifie à la fois *cheval* et
*homme*, la proposition *le vêtement est blanc* ne sera pas une **20**
affirmation une, et pas davantage ne sera une la négation opposée. Cette proposition, en effet, ne diffère en rien de *l'homme*
*et le cheval sont blancs*, proposition qui, à son tour, ne diffère
pas de ces deux propositions-ci : *le cheval est blanc* et *l'homme*
*est blanc*. Si donc ces deux dernières expriment plusieurs
choses, c'est-à-dire sont complexes, il est évident que la première aussi[4] signifie ou bien plusieurs choses, ou bien rien du
tout, puisqu'il n'existe pas d'homme-cheval[5]. Il en résulte **25**
que, pour ces espèces de propositions, deux contradictoires ne

pas attribué aux singuliers *secundum quod sunt in se subdivisa sed secundum*
*quod uniuntur sub uno communi* (saint Thomas, I, l. XII, p. 40).

1. Que l'universel soit pris *particulariter* ou *indefinite*, ou même si le sujet
est singulier. – L. 15, nous lisons avec Pacius, I, 96, οὐ πᾶς ἄνθρωπος λευκός
ἐστι.

2. L'unité nominale ne suffit pas. Il faut une unité réelle. Deux choses qui
n'en forment pas une seule et auxquelles on impose un nom unique sont homonymes et non synonymes.

3. Supprimé par Waitz, mais sans nécessité.

4. Savoir, *le vêtement est blanc*.

5. *Id est non est aliqua natura communis homini et equo, quae significetur*
*eo vocabulo « vestis »* (Pacius, II, 78).

sont pas non plus l'une nécessairement vraie et l'autre
nécessairement fausse [1].

## 9
### < L'opposition des futurs contingents [2] >

L'affirmation ou la négation portant sur les choses
présentes ou passées est nécessairement vraie ou fausse, et
les propositions < contradictoires > portant sur des universels
30 et prises universellement, sont toujours aussi, l'une vraie et
l'autre fausse; il en est de même, ainsi que nous l'avons
dit, dans le cas de sujets singuliers. Par contre, s'il s'agit de
propositions portant sur des universels, mais qui ne sont pas
prises universellement, cette nécessité ne joue pas: sur ce
point encore, nous nous sommes expliqué [3].

---

1. Et, en effet, la négation nie autre chose que ce qu'affirme l'affirmation.

2. Pour tout ce chapitre, dont la rédaction est très probablement postérieure
au reste du traité, on consultera avec fruit l'ouvrage classique de J. Chevalier,
*La Notion du Nécessaire chez Aristote et chez ses prédécesseurs*, p. 115 et *ss.*, et
surtout p. 272-274.

La théorie d'Aristote sur les futurs contingents paraît avoir été édifiée pour
répondre aux Mégariques, notamment Diodore Cronos et Philon, qui faisaient
découler du principe de contradiction un fatalisme absolu. Cf. *Métaph.*, θ, 3 en
entier (II, p. 29 et *ss.* de notre traduction, avec les notes); Cicéron, *de Fato*, 17,
Rondelet, *Théorie logique des propositions modales*, p. 18 et *ss.*; Hamelin, *Le
Système d'Aristote*, 167; J. Maritain, *Petite Logique*, p. 166, etc. Il y a toute une
littérature sur la question.

3. Renvoi au chap. 7. - Donc, pour les propositions *de praesenti* ou *de praeterito*, il n'y a pas de difficulté. Aristote va maintenant poser la question pour les
propositions *de futuro*. – Voici, à l'égard de ces dernières, comment se délimite
le problème à résoudre. Les propositions *de futuro* ne soulèvent aucune difficulté et se traitent comme des propositions *de praesenti* ou *de praeterito* quand
elles portent soit sur le nécessaire, soit sur l'impossible, soit même sur le contingent si, dans ce dernier cas, elles sont universelles, particulières ou indéfinies.

Mais pour les futurs portant sur des singuliers, la solution n'est plus la même[1]. Si, en effet[2], toute affirmation ou négation[3] est vraie ou fausse, nécessairement aussi toute chose est **35** ou n'est pas. Par conséquent, si une personne affirme que telle chose sera, tandis qu'une autre personne affirme que cette même chose ne sera pas, il faut évidemment de toute nécessité que l'une des deux dise la vérité, puisque toute affirmation [ou toute négation][4] est vraie ou fausse. (L'affirmation et la négation ne peuvent pas, en effet, être vraies simultanément dans des cas de ce genre)[5]. Car s'il est vrai de dire que le blanc est ou que le blanc n'est pas, nécessairement le blanc est ou le blanc **18 b**

---

Le problème se pose donc exclusivement *pour les propositions singulières in materia contingenti*. C'est alors qu'on peut se demander s'il est nécessaire que, déterminément, l'une des propositions, opposée comme l'affirmation et la négation, est vraie et l'autre fausse. Jusqu'à 18 *b* 26 (« Telles sont donc… »), Aristote va montrer les absurdités et les impossibilités où l'on s'engage quand on admet que toute affirmation ou négation portant sur des futurs singuliers est nécessairement vraie ou fausse (cf. saint Thomas, I, l. XIII, p. 43).

1. Autrement dit, la règle, suivant laquelle de deux contradictoires l'une est vraie et l'autre fausse, ne s'applique pas.

2. L'exposition qui suit conclut *a voce ad rem*, et, inversement, *a re ad vocem*. Si l'affirmation est vraie, la chose affirmée est : si par exemple il est vrai de dire que *homo est animal*, dans la réalité *homo est animal*. Inversement, si la chose affirmée est, l'affirmation est vraie. Il en est de même pour la négation. On voit qu'il y a correspondance absolue entre le réel et la pensée. – Sur le détail du raisonnement d'Aristote, cf. Pacius, I, 97, notes *l*, *m*, *n*, *o*, et II, 79; Waitz, I, 339.

3. La pensée d'Aristote doit être complétée de la façon suivante : « Si, en effet, toute affirmation ou négation, *même portant sur des futurs*, est vraie ou fausse », etc.

4. Supprimé par Waitz.

5. Soutenir que l'affirmation et la négation pourraient être vraies l'une et l'autre dans le cas de futurs singuliers est une opinion tellement absurde qu'Aristote se contente de la réfuter en quelques mots (cf. Pacius, II, 79). – Nous avons mis une parenthèse pour dégager le sens général de l'argumentation.

n'est pas. Et < réciproquement > si le blanc est ou si le blanc n'est pas, il était vrai de l'affirmer ou de le nier; et si le blanc n'est pas, on est dans l'erreur; et si on est dans l'erreur, le blanc n'est pas[1]. Il en résulte que l'affirmation ou la négation est nécessairement vraie ou fausse.

5       S'il en est ainsi[2], rien n'est, ni ne devient, soit par l'effet du hasard, soit d'une manière indéterminée[3], rien qui, dans l'avenir, puisse indifféremment être ou n'être pas; mais tout découle de la nécessité, sans aucune indétermination. En effet, ou bien c'est en affirmant qu'on dit la vérité[4] ou bien c'est en niant, sinon un événement pourrait indifféremment se produire ou ne pas se produire : car le mot *indétermination* n'est rien de plus que l'indifférence à se comporter, dans le présent ou dans l'avenir, de telle façon ou de telle autre.

1. L'exemple du blanc, destiné à illustrer le raisonnement d'Aristote, procède, lui aussi, *de voce ad rem*, puis (à partir de *b* 1) *de re ad vocem*. Les derniers mots doivent se comprendre ainsi : si le blanc n'est pas, on est dans l'erreur en disant qu'il est, et si on est dans l'erreur on disant qu'il est, le blanc n'est pas.

2. Aristote tire maintenant les conséquences du raisonnement qu'il vient de développer : l'application de la règle des contradictoires aux futurs contingents aboutit à la suppression de toute contingence dans le monde, ce qui est une absurdité.

3. ὁπότερ' ἔτυχεν, *ut utrumlibet contingere possit.* – Sur la distinction, souvent peu respectée par Aristote, entre τύχη (*fortuna*, le hasard dans le domaine de la pratique humaine) et αὐτόματον (*casus*, spontanéité, hasard en général), cf. *Phys.*, II, 4, 5, 6, et notamment 196 *a* 36 avec le commentaire de Hamelin. Est, ἀπὸ ταὐτομάτου ce qui normalement est produit *a natura*; est ἀπὸ τύχης, ce qui normalement est *secundum electionem*.

4. ἀληθεύει et non ἀληθεύσει. Cf. Waitz, I, 340. – Le raisonnement, jusqu'à la fin du paragraphe, est le suivant. L'affirmation et la négation correspondant avec la réalité, celui qui affirme ou qui nie dit ce qui est. La voie est ainsi fermée à toute indétermination, sinon *similiter se haberet ad hoc fieri vel non fieri et non magis ad unum quam ad alterum* (saint Thomas, I, l. XIII, p. 44).

En outre[1], si une chose est blanche en ce moment, il était vrai antérieurement d'affirmer qu'elle serait blanche, de sorte **10** qu'il était toujours vrai de dire de n'importe quel événement qu'[il est ou qu'][2] il sera.

Mais s'il était toujours vrai de dire qu'une chose est ou sera, il n'est pas possible qu'elle ne soit pas ou qu'elle ne sera pas ; or ce qui ne peut pas ne pas se produire est dans l'impossibilité de ne pas arriver, et ce qui est dans l'impossibilité de ne pas arriver arrive nécessairement. Il en résulte ainsi que tous les futurs se produisent nécessairement. Par suite, rien n'arrive **15** d'une manière indéterminée ou par l'effet du hasard, car là où il y a hasard, il n'y a pas nécessité.

Il n'est pas non plus possible de prétendre[3] que ni l'affirmation, ni la négation ne sont vraies, qu'on ne peut pas dire par exemple de tel événement ni qu'il se réalisera, ni qu'il ne se réalisera pas. D'abord[4], < il en résulterait que >, si l'affirmation était fausse, la négation ne serait pas vraie, et que si, à

1. Autre argument de fait pour démontrer que la nécessité découle impérieusement de la thèse exposée. Aristote conclut d'abord *a tempore praesenti ad praeteritum* et *a praeterito ad futurum* (l. 10-11), puis *a voce ad rem* (l. 11-15). Cf. Pacius, II, 80, mais surtout saint Thomas, I, l. XIII, p. 44.

2. Waitz, I, 340, supprime ἔστιν ἤ, l. 11 : *quomodo vero praesens id dici possit non assequor*. La difficulté soulevée ne semble pas sérieuse : le présent a été un futur dans le passé.

3. Pour échapper à la nécessité, il ne servirait à rien de prétendre que ni l'affirmation ni la négation n'est vraie au sujet des choses futures.

4. Si on dit que l'affirmation et la négation ne sont vraies ni l'une ni l'autre, on en arrive à cette conséquence que la vérité ou la fausseté de l'une n'entraîne pas la vérité ou la fausseté de l'autre. Or c'est là une absurdité, puisque *affirmatio et negatio dividunt verum et falsum* (saint Thomas, I, l. XIII, p. 45). Il faudrait qu'il existât un μεταξύ entre l'affirmation et la négation, ce qui est inadmissible (sur ce point, cf. *Métaph.*, Γ, 4, 1008 *a* 4).

20 son tour, celle-ci était fausse, l'affirmation pourrait ne pas être vraie. En second lieu[1], supposons qu'il soit vrai de dire qu'une chose est à la fois blanche et grande : ces deux qualités doivent lui appartenir nécessairement l'une et l'autre; et s'il est vrai d'affirmer qu'elles lui appartiendront demain, elles lui appartiendront réellement demain. Mais puisqu'on admet que d'un événement on ne peut dire ni qu'il se réalisera, ni qu'il ne se réalisera pas le lendemain, l'indétermination elle-même disparaîtra[2]. Si on prend pour exemple une bataille navale, il faudrait qu'on ne puisse dire ni que la bataille navale aura lieu,
25 ni qu'elle n'aura pas lieu.

Telles sont donc, avec d'autres de même nature, les absurdités où l'on est entraîné si l'on admet que, pour toute affirmation et négation (qu'il s'agisse soit de propositions portant sur les universels et prises universellement, soit de propositions portant sur le singulier), nécessairement l'une des opposées est vraie, et l'autre fausse, et qu'il n'existe aucune
30 indétermination dans le devenir, mais qu'au contraire toutes choses sont et deviennent par l'effet de la nécessité. En vertu

---

1. Autre absurdité. Aristote considère cette fois le vrai et le faux non pas dans l'esprit, mais dans les choses mêmes. Si telle chose est affirmée avec vérité devoir se réaliser demain, elle se réalisera. Mais si on a raison de dire que la chose est dans l'impossibilité à la fois de se réaliser et de ne pas se réaliser, alors, dans la réalité, la chose elle-même sera dans l'impossibilité de se réaliser et de ne pas se réaliser, ce qui est contraire à la notion même d'indétermination et l'élimine, puisque ce qui est *ad utrumlibet* peut se réaliser ou ne pas se réaliser. Par conséquent on n'est pas plus avancé et on n'arrive pas à sauver la contingence. – L'exposé de saint Thomas, I, l. XIII, 45, est excellent. – Conformément à la suggestion de Pacius, II, 80, nous lisons, l. 22, εἰ δὲ <ἀληθὲς ἦν εἰπεῖν ὅτι> ὑπάρξει. Même sous-entendu plus loin, même ligne, εἰ δὲ ... μήτε ἔσται.

2. Cf. Ammonius, 146, 26 : ἀναιρεθήσεται μὲν καὶ τὸ ἐνδεχόμενον.

de ce raisonnement, il n'y aurait plus ni à délibérer, ni à se donner de la peine, dans la croyance que, si nous accomplissons telle action, tel résultat suivra, et que si nous ne l'accomplissons pas, ce résultat ne suivra pas. Rien n'empêche, en effet, que, dix mille ans à l'avance, tel homme prédise un événement et que tel autre prédise le contraire : ce qui se réali- **35** sera nécessairement, c'est celle de ces deux prédictions, quelle qu'elle soit, qui était vraie à ce moment-là[1]. – Peu importe, au surplus, qu'on ait ou qu'on n'ait pas en fait formé une affirmation ou une négation[2] : il est clair que la réalité n'en est pas moins ce qu'elle est, en dépit de l'affirmation ou de la négation de tel ou de tel. Car ce n'est pas le fait d'avoir été affirmés ou niés qui fera les événements se réaliser ou non, quand bien même on les aurait annoncés dix mille ans à l'avance ou à n'importe quel autre moment. Il en résulte que si, de tout **19 a** temps, les choses se comportaient de telle façon que l'une des propositions contradictoires fût conforme à la vérité, il était nécessaire qu'elle se réalisât; et l'ensemble des événements s'est toujours < dans l'hypothèse > déroulé de façon à arriver

1. C'est en effet une conséquence qui découle nécessairement de la loi des contradictoires appliquée sans restriction. On aboutit toujours au fatalisme et à l'inaction.

2. Aristote va au-devant d'une objection. Admettons, pourrait-on dire, que soient nécessaires les choses et les événements qui ont fait, dans le passé, l'objet d'une affirmation ou d'une négation. Mais les événements qui n'ont pas été prédits sont étrangers à l'argumentation qui précède, et sont par suite contingents. Aristote répond que cette distinction de fait n'a pas d'intérêt : la vérité de l'énonciation n'est pas la cause de la réalité, c'est plutôt la réalité qui est la cause de la vérité de l'énonciation (cf. *Categ.*, 12, *in fine*). Il suffit que l'affirmation ou la négation ait pu être formée à un moment quelconque du passé, sinon l'esprit serait la cause de la réalité dans les choses, ce qui est absurde (cf. Pacius, II, 81).

nécessairement. Car ce dont on a dit avec vérité qu'il sera ne
5 peut manquer de se réaliser : et ce qui est arrivé, il était toujours
vrai de dire qu'il se réaliserait.

Mais si ces conséquences sont inadmissibles [1] (l'expé-
rience nous montre, en effet, que les choses futures ont leur
principe dans la délibération et dans l'action [2], et que, d'une
manière générale, les choses qui n'existent pas toujours en
10 acte renferment la puissance d'être ou de n'être pas, indifféremment ; ces choses-là peuvent aussi bien être que ne pas être,
et par suite arriver ou ne pas arriver. Nous avons sous les yeux
de nombreux cas de ce genre. Par exemple, le vêtement que
voici peut être coupé en deux, et pourtant en fait ne l'être pas,
mais s'user auparavant ; de même, il peut n'être pas coupé,
15 car il ne pourrait plus être usé auparavant s'il n'avait pas la
possibilité de n'être pas coupé. Aussi en est-il de même pour
tout autre événement auquel on attribue une possibilité de ce
genre), il est par suite évident < dis-je > [3] que ce n'est pas par
l'effet de la nécessité que toutes les choses sont ou deviennent ;
en fait, tantôt on a affaire à une véritable indétermination [4], et
alors l'affirmation ou la négation ne sont pas plus vraie, ni plus
20 fausse l'une que l'autre, tantôt la tendance dans une direction

---

1. Aristote va maintenant proposer sa solution.

2. La « délibération », c'est-à-dire le libre-arbitre et l'action libre. Des
causes libres ne peuvent être des sources de nécessité. L'homme est ainsi lui-
même un principe des futurs.

3. Conformément aux indications de Bonitz, nous considérons φανερόν,
l. 18, comme le commencement de l'apodose, séparée de la protase par une
longue parenthèse.

4. Dans les *contingentia aequalia* (par exemple, rencontrer par hasard un
ami).

donnée est plus forte et plus constante[1], bien qu'il puisse arriver que ce soit l'autre qui l'emporte et non pas elle.

Que ce qui est soit, quand il est[2], et que ce qui n'est pas ne soit pas, quand il n'est pas, voilà qui est vraiment nécessaire. Mais cela ne veut pas dire que tout ce qui est doive nécessai- **25** rement exister, et que tout ce qui n'est pas doive nécessairement ne pas exister; car ce n'est pas la même chose de dire que tout être, quand il est, est nécessairement, et de dire, d'une manière absolue, qu'il est nécessairement. Il en est de même pour tout ce qui n'est pas. – C'est la même distinction qui s'applique aux propositions contradictoires. Chaque chose, nécessairement, est ou n'est pas, sera ou ne sera pas, et cependant si on envisage séparément ces alternatives, on ne peut pas dire laquelle des deux est nécessaire[3]. Je prends un exemple. **30** Nécessairement il y aura demain une bataille navale ou il n'y en aura pas; mais il n'est pas nécessaire qu'il y ait demain une bataille navale, pas plus qu'il n'est nécessaire qu'il n'y en ait pas. Mais qu'il y ait ou qu'il n'y ait pas demain une bataille navale, voilà qui est nécessaire. Et puisque les propositions

1. Dans les *contingentia inaequalia* (creuser la terre et trouver un trésor).

2. Aristote établit une distinction féconde entre le nécessaire ἁπλῶς, *simpliciter*, et le nécessaire ἐξ ὑποθέσεως, *ex hypothesi* (*si asinus volat, necesse est ut habeat alas*) cf. Pacius, II, 82. Cf. surtout Waitz, I, 342 : *quum aliquid est, necesse est id esse tale quale est; quoniam enim tale est, non potest cogitari ut non sit tale, neque tamen propterea necessario sunt omnia qualia sunt... Necessitas vero non est nisi in rebus praesentibus, et in his non nisi tum quum exsistunt.*

3. Tout l'argument d'Aristote repose sur la distinction entre l'alterné et le séparé. *Si alternate illa accipiantur, tota argumentatio est concedenda; si separatim, omnia sunt neganda* (Pacius, II, 82). – La solution est d'ailleurs élégante, et elle a reçu l'approbation des meilleurs logiciens. Voir notamment Hamelin, *Le Système d'Aristote*, p. 167.

sont vraies en tant qu'elles se conforment aux choses mêmes,
il en résulte évidemment que si ces dernières se comportent
d'une manière indéterminée et sont en puissance de contraires,
35 il en sera nécessairement de même pour les propositions
contradictoires correspondantes. C'est bien là ce qui se passe
pour les êtres qui n'existent pas toujours ou qui ne sont pas
toujours non existants[1]. Il faut alors nécessairement que l'une
des deux propositions contradictoires soit vraie et l'autre
fausse, mais ce n'est pas forcément celle-ci plutôt que celle-là :
en fait, c'est n'importe laquelle, et, bien que l'une soit vraisemblablement plus vraie que l'autre[2], elle n'est pas pour le
moment vraie ou fausse. Par suite, il n'est évidemment pas
19 b nécessaire que de deux propositions opposées entre elles comme l'affirmation et la négation, l'une soit vraie, et l'autre,
fausse[3]. En effet, ce n'est pas à la façon des choses qui existent
que se comportent celles qui, n'existant pas encore, sont seulement en puissance d'être ou de ne pas être, mais c'est de la
façon que nous venons d'expliquer[4].

---

1. « *Res quae non semper sunt* », id est non sunt necessaria; « *nec semper non sunt* », id est non sunt impossibilia, *supple : sed sunt contingentes* (Pacius, II, 88).

2. Dans les *contingentia inaequalia*.

3. Sous-entendu ἀφωρισμένως *determinate*.

4. Cf. saint Thomas, I, l. XV, *in fine : non eodem modo se habet veritas et falsitas in his quae sunt jam de praesenti et in his quae non sunt, sed possunt esse vel non esse… in his quae sunt, necesse est determinate alterum esse verum et alterum falsum; quod non contingit in futuris, quae possunt esse et non esse.* Et cela, parce que c'est l'événement lui-même qui est incertain, attendu qu'il peut se produire de telle ou telle façon.

10

*< Les oppositions dans les propositions* de secundo adjacente,
*et dans les propositions* de tertio adjacente,
*à sujet fini ou indéfini >*

L'affirmation[1] exprime qu'une chose se rapporte à une **5**
certaine chose, qui est soit un nom, soit ce qui n'a pas de nom[2],
mais il faut que, dans l'affirmation, la chose attribuée soit une,
et le sujet auquel on l'attribue, un. (J'ai expliqué plus haut[3] ce
qu'il faut entendre par *nom* et par *ce qui n'a pas de nom*. Je dis,
en effet; que le terme *non-homme* n'est pas un nom < proprement
ment dit >, mais un nom indéfini, car c'est une chose une que
l'indéfini signifie, lui aussi, en un certain sens[4]. Pareillement,
l'expression *n'est pas en bonne santé* n'est pas un verbe
<proprement dit >, mais un verbe indéfini.) Par conséquent **10**
toute affirmation et toute négation se fera à partir soit d'un
nom et d'un verbe < proprement dits >, soit d'un nom et d'un
verbe indéfinis[5].

---

1. Et la négation.
2. C'est-à-dire, ainsi qu'Aristote va l'expliquer, un nom indéfini.
3. Chap. 2, 16 *a* 19-30.
4. « En un certain sens ». Bien qu'un nom indéfini signifie une pluralité,
cependant *significat negationem formae alicujus, in qua negatione multa
conveniunt sicut in quodam uno secundum rationem* (saint Thomas, II, l. I,
p. 55). La négation est une, non *simpliciter*, mais *secundum quid* : *non-homme*,
par exemple, signifie une infinité d'êtres en tant qu'ils ne sont pas hommes.
5. Dans ce passage (depuis le début jusqu'à l. 19) Aristote étudie le cas des
propositions *de secundo adjacente*, dans lesquelles la copule n'est pas séparée
de l'attribut (*homo est, homo currit*), à la différence des propositions *de tertio
adjacente*, dont Aristote s'occupera plus loin, dans lesquelles le sujet, le prédicat et la copule sont explicitement énoncés.

Sans verbe, il n'y a ni affirmation, ni négation. Car les termes *est*, ou *sera*, ou *était*, ou *devient*, ou d'autres de ce genre, sont des verbes en vertu de la définition que nous avons posée, puisqu'ils ajoutent à leur propre signification celle du temps.

15 Il en résulte que l'affirmation et la négation premières sont, par exemple, *l'homme est*, *l'homme n'est pas*. – Vient ensuite, *le non-homme est*, *le non-homme n'est pas*. Puis, à leur tour, *tout homme est*, *tout homme n'est pas*; *tout non-homme est*, *tout non-homme n'est pas*. Et pour tous les temps en dehors du présent, le raisonnement est le même.

Quand le verbe *est* est attribué en sus, comme troisième terme [1], le nombre des propositions opposées est alors doublé [2]. 20 Je dis, par exemple, que dans *l'homme est juste*, le verbe *est* (qu'on l'appelle nom ou verbe) [3] forme le troisième élément de

---

1. Aristote passe aux propositions *de tertio adjacente* : la copule est un *tertiam adjacens*, mais elle est jointe, non pas au sujet, mais au prédicat. En fait, la copule n'a pas d'existence distincte et ne peut être séparée de l'attribut sans perdre sa signification. *Contra* Waitz, I, 345 : *apparet igitur* ἔστι *ab Aristotele hoc loco poni non ut copulam sed ut tertiam quamdam eamque veram enunciationis partem*, de telle sorte qu'on devrait traduire ἐστὶ δίκαιος ἄνθρωπος par *il y a un homme juste*; mais ce n'est pas exact (Edghill, *ad loc.*).

La division est la suivante :

*a)* Examen des oppositions des propositions *indéfinies*, dans lesquelles le sujet universel est pris non universellement (l. 19-32);

*b)* Examen des oppositions des propositions à sujet universel pris universellement aux propositions à sujet universel pris particulièrement (l. 32-36);

*c)* Examen des oppositions des propositions dont le sujet est *infinitum* (l. 37-20 *a* 1).

2. On a, en effet, quatre propositions au lieu de deux, puisqu'on considère, outre le sujet, le prédicat. - L. 20, αἱ ἀντιθέσεις = les contradictoires, propositions affirmatives opposées à propositions négatives.

3. Si on envisage son rôle, ce *tertium adjacens* n'est ni nom, ni verbe; c'est un nom, en tant qu'une *dictio* quelconque est un nom, mais c'est aussi, et plutôt, un verbe, puisqu'il marque le temps.

l'affirmation. Aussi, pour cette raison[1], aurons-nous ici quatre propositions : deux d'entre elles se comporteront à l'égard de l'affirmation et de la négation suivant leur ordre de consécution, comme des privations; mais pour les deux autres, il n'en sera pas de même[2]. – Je veux dire que le verbe *est* est ajouté soit au terme *juste*, soit au terme *non-juste*, et par suite **25**

---

1. C'est-à-dire en raison du doublement indiqué plus haut : Cf. Ammonius, 166, 9 : τὸ διχῶς λέγεσθαι τὰς ἀντιθέσεις.

2. Passage difficile. Voici l'interprétation généralement admise (Pacius, II, 85 ; Waitz, I, 344), et qui est d'ailleurs conforme à *Anal. prior*, I, 46, 51 *b* 36-52 *a* 17, visé *infra*, l. 31, par Aristote lui-même.

Soit les quatre propositions :

   A. *L'homme est juste.*

   B. *L'homme n'est pas juste.*

(Ces deux propositions sont dites *simplices* ou *de praedicato finito*.)

   Γ. *L'homme est non-juste.*

   Δ. *L'homme n'est pas non-juste.*

(Propositions dites *infinitae* ou *de praedicato infinito*).

Posons, en outre,

   γ. *L'homme est injuste.*

   δ. *L'homme n'est pas injuste.*

(Propositions *privativae* ou *de praedicato privativo*).

Ces deux dernières propositions, dont le prédicat exprime une privation, correspondent selon le schéma γΓ et δΔ. Or la correspondance de ABΓΔ se fait selon les correspondances A-Δ et B-Γ, ou, en remplaçant Γ par γ, et Δ par δ, comme A-δ et B-γ. Autrement dit :

Γ : δ = γ : B et Δ : A = δ : A.

Le passage doit donc se lire comme s'il y avait : des quatre propositions ABΓΔ, ΓΔ se comporteront à l'égard de AB selon la liaison A-Δ et B-Γ, comme les privations γ et δ. – Aristote ajoute, l. 24 : τὰ δὲ δύο οὔ; à la différence de Γ et Δ, les deux autres propositions A et B n'entrent pas en correspondance avec Γ et Δ comme γ et δ; ce sont, non pas des privations par rapport à des *habitus*, mais au contraires des *habitus* par rapport à des privations.

L. 24, κατὰ τὸ στοιχοῦν = κατ' ἀκολουθιάν, *secundum consecutionis ordinem* (Pacius, II, 85), *secundum ordinem quo altera alteri consequitur eaque continetur* (Waitz, I, 344).

il en sera ainsi pour les propositions négatives. Nous aurons donc bien quatre propositions[1].

L'intelligence de notre exposé sera facilitée par le tableau ci-dessous :

&lt;I&gt;

| &lt;A&gt; | &lt;B&gt; |
|---|---|
| *L'homme est juste* | Négation de &lt;A&gt; :<br>*L'homme n'est pas juste* |
| &lt;Δ&gt; | &lt;Γ&gt; |
| Négation de Γ :<br>*L'homme n'est pas non-juste* | *L'homme est non-juste* |

30     Dans ces divers cas, on le voit, *est* et *n'est pas* seront ajoutés à *juste* et à *non-juste*[2]. Tel est donc l'ordre dans lequel sont disposées ces propositions, ainsi que nous l'avons indiqué dans nos *Analytiques*[3].

Même façon de procéder, si c'est universellement qu'a lieu l'affirmation du nom[4]. Nous avons ainsi :

---

1. Aristote explique maintenant pourquoi ces propositions sont au nombre de quatre : c'est qu'on ajoute la copule *est* à un prédicat fini (*juste*) ou infini (*non juste*) dans les affirmatives, et, par suite, la copule *n'est pas* dans les négatives : cela fait bien au total quatre propositions.

2. L. 25 et 30, nous adoptons la lecture τῷ δικαίῳ … τῷ οὐ δικαίῳ, au lieu de τῷ ἀνθρώπῳ et τῷ οὐκ ἀνθρώπῳ, proposé par Waitz, I, 345, dont les explications ne nous semblent pas convaincantes.

3. *Anal. prior*, I, 46, 51 *b* 36-52 *a* 17.

4. C'est-à-dire du sujet. Il faut sous-entendre naturellement «et aussi la négation». – Aristote passe ici à l'examen des propositions à sujet universel pris universellement, opposées aux propositions à sujet universel pris particulièrement.

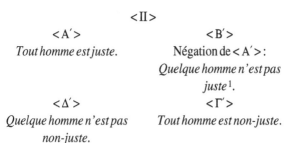

< II >

< A′ >

*Tout homme est juste.*

< B′ >

Négation de < A′ > :
*Quelque homme n'est pas
juste*[1].

< Δ′ >

*Quelque homme n'est pas
non-juste.*

< Γ′ >

*Tout homme est non-juste.*

Toutefois ce n'est pas de la même façon que précédem- **35** ment que les propositions opposées < dans notre tableau > par la diagonale peuvent être vraies en même temps : il arrive seulement qu'elles le soient dans certains cas[2].

Voilà donc nos deux couples de propositions opposées[3]. Mais il y a encore deux autres paires : c'est quand un terme est, joint à *non-homme*, considéré comme une espèce de sujet[4] :

1. Nous rappelons que οὐ πᾶς (*non omnis*) = *quidam... non.*

2. Dans le tableau I, les propositions à sujet universel pris non universellement, A-Γ et B-Δ, qui peuvent être réunies par une diagonale imaginaire, peuvent être vraies en même temps (on peut aussi bien dire l'homme est juste que l'homme est injuste). Dans le tableau II, les propositions à sujet universel pris universellement A'-Γ', opposées aussi en diagonale, ne peuvent être vraies en même temps ; seules les particulières en diagonales B'-Δ' peuvent l'être (cf. Pacius, II, 85-86).

3. Opposées comme contradictoires.

4. Aristote passe à l'examen des propositions à sujet indéfini. Cf. saint Thomas (Cajetan), IL, l. III, p 63 : *quia sicut nomen infinitum dejicit a ratione nominis, ita dejicit a ratione subjecti.* - L. 88, il faut lire, avec Ammonius, Waitz et Edghill, προστεθέντος et non προστεθέν.

< III >

| < A′ > | < B′ > |
|---|---|
| *Le non-homme est juste.* | *Le non-homme n'est pas juste.* |
| < Δ″ > | < Γ″ > |
| *Le non-homme n'est pas non-juste* | *Le non-homme est non-juste.* |

**20 a**   Mais il ne pourra pas y avoir un plus grand nombre de propositions opposées[1]. Seulement, les dernières[2] resteront essentiellement distinctes des précédentes[3], attendu que c'est *non-homme* qu'elles prennent comme sujet.

Dans les propositions où le verbe *est* ne peut entrer (comme quand on dit *se porte bien*, *se promène*), le verbe ainsi 5 placé produit le même résultat que si c'était le verbe *est* qui s'appliquait[4]. Par exemple, *tout homme se porte bien*, *tout homme ne se porte pas bien*; *tout non-homme se porte bien*, *tout non-homme ne se porte pas bien*. – Ce n'est pas, en effet, *non tout homme* qu'il faut dire[5] : la particule négative *non* doit

---

1. Opposées comme contradictoires. Toutes les espèces de contradictoires sont épuisées.

2. Celles qui ont un sujet indéfini.

3. Celles qui ont un sujet défini. – Mot à mot : *seorsum ab illis ipsae per se* (αὐταὶ καθ' ἑαυτάς), traduit Pacius, I, 105. Une différence essentielle dans les sujets entraîne une différence radicale dans les oppositions.

4. Autre problème : Aristote réduit les propositions *ex verbo adjectivo* aux propositions *de secundo adjacente*. Les exemples qui suivent sont pris tant parmi les propositions à sujet proprement dit qu'à sujet indéfini.

5. Troisième problème, qui se pose à propos des propositions *de secundo adjacente ex verbo adjectivo* (et, par suite, en raison de la réduction opérée par Aristote, à propos de toute proposition *de secundo adjectivo*) : comment transformer ces propositions en propositions à sujet indéfini? C'est en ajoutant la particule négative au sujet lui-même (οὐκ ἄνθρωπος) et non pas au terme πᾶς, lequel, nous l'avons vu, n'influe pas sur l'extension du sujet, mais signifie

être ajoutée à *homme*, car le terme *tout* ne signifie pas que le sujet est universel, mais qu'il est pris universellement. Cela **10** résulte manifestement de ce qui a lieu pour des propositions telles que *l'homme se porte bien*, *l'homme ne se porte pas bien*; *le non-homme se porte bien*, *le non-homme ne se porte pas bien*. Ces propositions ne diffèrent des précédentes [1] qu'en ce qu'elles ne sont pas prises universellement. Par suite les termes *tout* ou *nul* ne signifient rien autre chose si ce n'est que l'affirmation ou la négation du nom [2] est prise universellement. Les autres parties de la proposition restant les mêmes, l'adjonction à faire doit être la même [3]. **15**

Puisque la négation contraire à la proposition *tout aninal est juste* est celle qui exprime que *aucun animal n'est juste* [4], il est clair que ces deux propositions ne seront jamais à la fois

---

seulement qu'il est pris *universaliter*. On doit donc dire, non pas οὐ πᾶς ἄνθρωπος (*non omnis = quelque homme... ne*), car on aboutirait à la formation d'une négative universelle prise *particulariter*, mais πᾶς οὐκ ἄνθρωπος, *omnis non-homo*.

1. Mentionnées, l. 6 et *ss.*, *supra*.

2. C'est-à-dire du sujet

3. Le raisonnement d'Aristote est le suivant. Pour démontrer que, dans les propositions à sujet universel pris universellement (*tout homme...*), la transformation du sujet (*tout homme*) en sujet indéfini (*tout non-homme*) s'opère par l'adjonction de la particule négative au sujet et non au προσδιορισμός, il examine ce qui se passe dans les propositions à sujet universel pris non universellement (*l'homme...*). Or dans ces dernières, il est évident que la négation porte sur le sujet. Et comme la seule différence entre ces deux types de propositions consiste en ce que, dans les propositions du type *tout homme*, le sujet est pris universellement, toutes les parties de la proposition, sauf l'adjonction de πᾶς ou de μηδείς, restent les mêmes, et l'addition de la négation doit dès lors se faire de la même façon (cf. Waitz, I, 349 et 350).

4. Quatrième problème : la vérité et l'erreur dans les propositions à sujet universel pris universellement et leurs opposées. Cf. *supra*, l. 19 *b* 32.

vraies, en même temps ni par rapport au même sujet. Par contre, leurs opposées[1] seront parfois vraies en même temps : ce sera le cas, par exemple, pour *quelque animal n'est pas juste* et *quelque animal est juste*.

**20**        Voici maintenant comment ces propositions se suivent[2] : de la proposition *tout homme est non-juste*, suit la proposition *nul homme n'est juste*; de la proposition *quelque homme est juste* suit l'opposée < de *tout homme est non juste* >, savoir que *quelque homme n'est pas non-juste*, car qu'il y ait un homme juste en découle nécessairement[3].

Il est manifeste aussi[4] qu'en ce qui regarde les propositions à sujet singulier, si à une question posée répond une proposition négative vraie, une proposition affirmative sera

---

1. Les particulières, appelées *subcontraires* par les commentateurs. - *In materia necessaria*, l'affirmative est toujours vraie et la négative toujours fausse (*quelque homme est animal, quelque homme n'est pas animal*); *in materia impossibilia*, l'affirmative est fausse, et la négative, vraie (*quelque homme est pierre, quelque homme n'est pas pierre*); *in materia contingenti*, l'affirmative et la négative sont vraies l'une et l'autre (*quelque homme est juste, quelque homme n'est pas juste*). Cf. Pacius, II, 88.

2. Brève étude de l'*équipollence* des propositions. L'équipollence est un procédé qui consiste à passer d'une proposition à une autre proposition opposée, par l'adjonction d'une négation soit avant le sujet, soit après, soit avant et après. Sur ce procédé, cf. Gredt, *Elementa philosophiae arist.-thom.*, I, 48.

3. Sur les difficultés que soulèvent ces derniers mots, cf. Pacius, I, 106, note *a*, qui a probablement raison de les mettre entre crochets et de n'en pas tenir compte.

4. Cinquième problème : d'une négation définie peut-on tirer une négation indéfinie ? Oui, répond Aristote, *in singularibus*, mais non *in universaliter*. La forme interrogative donnée aux propositions, dans les exemples qui suivent, s'explique par l'usage que la dialectique platonicienne a fait du dialogue, où l'on procède par demandes et réponses. Waitz, I, 350, donne de ce passage un bon résumé.

également vraie [1]. Par exemple, < s'il est vrai de dire > *Socrate* **25**
*est-il sage ? Non*, < on peut dire aussi > *Socrate est non-sage*. –
Par contre, en ce qui regarde les sujets universels, aucune
proposition de ce genre [2] n'est vraie, c'est plutôt une proposition négative qui l'est [3]. Par exemple, < s'il est vrai de dire >
*tout homme est-il sage ? Non*, < la proposition affirmative >
*donc tout homme est non-sage* est fausse, tandis que la
négative *donc quelque homme n'est pas sage* est vraie. Cette
dernière est l'opposée, et la précédente est la contraire [4].    **30**

Les expressions négatives à nom ou à verbe indéfinis,
telles que *non-homme* ou *non-juste*, pourraient être considérées comme des négations sans nom ou sans verbe < proprement dits > [5]. En réalité, elles ne le sont pas. Toujours, en effet,
la négation est nécessairement vraie ou fausse ; or se contenter
de dire *non-homme* sans rien y ajouter, c'est ne rien dire de plus **35**

---

1. De telle sorte que le prédicat devienne indéfini.
2. Aucune proposition affirmative universelle indéfinie.
3. Une proposition négative particulière définie.
4. Aristote veut dire : la proposition *quelque homme n'est pas sage* est la
contradictoire, et la proposition *tout homme est non-sage* est la contraire, ou
plutôt est équipollente à la contraire *nul homme n'est sage*, de l'affirmative
universelle *tout homme est sage*.
5. Sixième problème. On pourrait croire qu'une proposition à sujet indéfini
(*non-homme*) ou à verbe indéfini (*non-juste*) est une négation. En fait, ce n'est
pas une négation, et Aristote le démontre à l'aide du syllogisme suivant : toute
négation est vraie ou fausse ; or le nom indéfini n'est ni vrai, ni faux : donc la
proposition à nom indéfini n'est pas une négation.
Sur la construction, l. 31, αἱ δὲ κατὰ…, cf. Waitz, I, 350 : il faut comprendre αἱ δὲ κατὰ ἀόριστα ἀντικείμεναι ἀπόφασεις οὐκ εἰσὶν ἀπόφασεις
ὡς ἀληθῶς. Nous avons traduit en conséquence. Voir aussi Ammonius, 189,
2-10.

qu'*homme*, c'est même se trouver moins dans la vérité ou dans l'erreur[1].

La proposition *tout non-homme est juste* n'est identique pour le sens à aucune des propositions précédentes[2], pas plus d'ailleurs que son opposée[3] *quelque non-homme n'est pas juste*. Par contre, la proposition *tout non-homme est non-juste* 40 signifie la même chose que *nul non-homme n'est juste*.

20 b    La transposition du sujet et du verbe n'entraîne aucun changement dans le sens de la proposition[4]. Ainsi, *l'homme est blanc, blanc est l'homme*[5]. Si, en effet, il n'en était pas

---

1. Dire le vrai ou le faux, c'est poser qu'une chose est ou n'est pas; or le nom indéfini possède une signification moindre que le nom proprement dit (cf. *supra*, 2, 16 *a* 30; 3, 16 *b* 15), et, par suite, il est encore plus éloigné de signifier le vrai ou le faux (Pacius, II, 89).

2. Septième problème. Il s'agit de savoir si l'on peut comparer entre elles les propositions définies et les propositions indéfinies. Aristote répond par une distinction. Les propositions à *sujet indéfini* (*tout non-homme*) ne peuvent être comparées à aucun titre, ni comme opposées, ni comme équipollentes, ni comme antécédente et conséquente, avec les propositions à *sujet défini* qui ont fait l'objet de l'analyse précédente. Par contre, les propositions dont l'une est à *prédicat défini* et l'autre à *prédicat indéfini* peuvent être comparées entre elles, à la condition que les sujets soient tous deux indéfinis (*tout non-homme, aucun non-homme*), ou même tous deux définis (exemple *supra*, 20 *a* 16 et *ss*.).

3. Opposée comme contradictoire.

4. Huitième (et dernier) problème. Quel est l'effet de la μετάστασις du verbe et du prédicat ? Ce problème est presque purement grammatical et se pose surtout dans les langues grecque et latine ; en français, la transposition paraît un peu étrange. – L'argumentation d'Aristote, sur laquelle Pacius, II, 91-93, s'étend longuement, est très enchevêtrée et soulève des difficultés sur lesquelles on pourra consulter Waitz, I, 351. Elle peut se résumer dans le syllogisme suivant (Pacius) : *Nisi nomina et verba transposita idem significent, plures erunt negationes unius affirmationis ; atqui una est negatio unius affirmationis ; ergo transposita nomina et verba idem significant.* – Sur le sens du mot ῥῆμα, qui en fait signifie le verbe *plus* l'attribut, cf. *supra*, 3, *init.*, note.

5. *Est albus homo, est homo albus.*

ainsi, pour une même affirmation il y aurait plusieurs négations[1]. Mais il a été démontré[2] qu'une seule négation répondait à une seule affirmation : en effet, la proposition *l'homme est blanc*, a pour négation *l'homme n'est pas blanc*[3], **5** et si la proposition *blanc est l'homme* n'avait pas la même signification que *l'homme est blanc*, elle aurait pour négation soit *blanc n'est pas le non-homme*, soit, *blanc n'est pas l'homme*[4]. Mais la première[5] est la négation de la *proposition blanc est le non-homme*, et la seconde[6], celle de la proposition *l'homme est blanc*. Il y aurait ainsi deux contradictoires pour une seule proposition[7]. Il est donc évident que la transposition **10** du nom et du verbe n'affecte pas le sens de l'affirmation et de la négation.

1. Ou pour une même négation plusieurs affirmations, ce qui est de toute façon absurde.

2. *Supra*, 7, 17 *b* 38.

3. *Est albus homo* a pour négation *non est albus homo*.

4. *Non est non homo albus, non est homo albus*. On pourrait encore dire *non est homo non albus, homo non est albus*… Aristote a choisi entre plusieurs exemples possibles. L'absurdité consiste dans la pluralité des négations pour une seule affirmation.

5. *Non est non homo albu*s.

6. *Non est homo albus*.

7. Il y aura, en effet, deux affirmations opposées à une négation (*est albus homo, est homo albus* opposées à *non est homo albus*; ou encore, *est homo albus, est non homo albus* opposées à *non est non homo albus*), ou deux négations opposées à une affirmation (*non est albus homo, non est homo albus*, opposées à *est albus homo*). Nous sommes en pleine absurdité. - L. 5, 7 et 8, le terme *négation* signifie plus précisément *négation contradictoire*.

## 11
### < *Propositions composées* [1] >

Affirmer ou nier un seul prédicat de plusieurs sujets, ou
plusieurs prédicats d'un seul sujet, sans que ce qui est exprimé
par une pluralité de mots soit en réalité une chose une, ce n'est
15 là ni une affirmation une, ni une négation une. Je n'appelle pas
*une* les choses qui, tout en étant désignées par un seul nom, ne
possèdent cependant pas une unité réelle dans leur composition [2]. Par exemple, l'homme est sans doute *animal*, *bipède* et
*civilisé*, mais il est aussi quelque chose d'un, formé de ces
déterminations. Par contre, du *blanc*, de *l'homme* et de *se*
*promener* [3], on ne fait pas une chose une ; par conséquent, si, de
ces trois termes < pris comme sujets > on affirme un seul prédicat, il n'y aura pas réellement unité de l'affirmation, mais

---

1. Dans ce chapitre, Aristote étudie les propositions composées, et à
quelles conditions elles sont soumises en ce qui concerne le vrai et le faux.
Soit, par exemple, les propositions *l'homme est animal, l'homme est blanc*.
Est-il permis de *lier* les prédicats et de dire que l'homme est animal-blanc ? Et,
réciproquement, si on a affaire à une proposition complexe telle que *l'homme*
*est un animal blanc*, est-il possible de *diviser* les prédicats et de dire *l'homme est*
*un animal, l'homme est blanc* ?

2. *Non dico unum esse, si uno nomine complectamur quae non unam rem,*
*sed plures significent quae nullo alio vinculo inter se conjunctae sint nisi quod*
*uno nomine appellentur* (Waitz, I, 352). L'homonymie ne suffit pas. Il faut la
synonymie. La définition de l'homme par exemple est une, parce que, dans la
réalité, ses éléments (animal, bipède, civilisé) font un tout indivisible. *Quoniam*
*definitionis aliae partes habent rationem materiae seu potentiae, ut genus,*
*aliae vero rationem formae et actus, ut differentia ; ex materia autem et forma,*
*sive ex potentia et actu, omnino unum et idem est* (Pacius, II, 92). Cf. *Métaph.*,
Γ, 4, 1006 *a* 32 et *ss*.

3. Ces exemples sont empruntés aux catégories de la qualité, de la
substance et de l'action. On ne peut pas dire *Socrate est un homme blanc se*
*promenant*.

unité purement verbale, les affirmations étant, en fait, multi- 20
ples ; de même, si d'un seul sujet on affirme ces trois termes < à
titre de prédicats >, il n'y aura pas davantage unité de l'affirmation, mais les affirmations seront pareillement multiples.

Si donc l'interrogation dialectique est la demande d'une
réponse soit à la proposition même[1], soit à l'un des deux
membres de la contradiction[2] (la proposition étant elle-même
membre d'une contradiction[3]), la réponse qui y sera faite ne
sera pas une proposition une[4] : c'est qu'en effet l'interrogation
manque, elle aussi, d'unité, même si la réponse est vraie[5]. Je 25
me suis expliqué dans les *Topiques*[6] sur tout ceci.

En même temps, il est clair qu'une interrogation portant
sur la nature même d'une chose n'est pas une interrogation

---

1. Sur l'interrogation dialectique, cf. *Anal. post.*, I, 2, 72 *a* 9 ; I, 12, 77 *a* 36,
etc. – L. 23, πρότασις signifie seulement *prémisse* d'un syllogisme. La question porte sur une simple proposition : *Socrate est-il blanc ?*

2. Par exemple : le monde est-il éternel ou n'est-il pas éternel ?

3. La distinction qui précède, remarque Aristote, n'a pas d'intérêt. De toute
façon, même si la question est posée sous la forme d'une proposition simple, on
pose tacitement le second membre de la contradiction. Par exemple, *Socrate
est-il blanc ?* équivaut, en fait, à *Socrate est-il blanc ou ne l'est-il pas ?* La proposition *Socrate est-il blanc ?* est donc le premier membre d'une contradiction,
dont l'autre est sous-entendu.

4. La réponse ne sera pas *une* en réalité, même si elle est exprimée *uno
verbo*, alors que la chose elle-même n'est pas une. Socrate est-il *homo albus
ambulans* ? Si je réponds oui, ma réponse n'en est pas moins composée, car elle
équivaut à *Socrates est homo, Socrates est albus, Socrates est ambulans.*

5. Rien ne servirait de prétendre qu'en fait Socrate est à la fois *homo*, *albus*
et *ambulans*. C'est une rencontre accidentelle qui n'empêche nullement la
multiplicité réelle de la demande et de la réponse.

6. Cf. *Topiques*, VIII, 7 ; *Soph. Elench.*, 6, 169 *a* 6 ; 17, 175 *b* 39 et *ss.* ;
30, 181 *a* 36 et *ss.*

dialectique[1], car l'interrogation doit laisser la liberté d'énoncer indifféremment l'un ou l'autre membre de la contradiction; ce qu'il faut, en réalité, c'est définir d'abord la chose et
30 demander ensuite si telle est ou non la définition de l'homme,
par exemple.

Tantôt les prédicats sont des compositions de prédicats
séparés qui s'unissent pour former en tout un seul prédicat;
tantôt, au contraire, c'est impossible. À quoi tient cette différence[2]? De l'homme, en effet, il est également vrai d'énoncer
séparément qu'il est animal et qu'il est homme, ou de réunir
ces déterminations en une seule[3]. De même *homme* et *blanc*
35 sont des prédicats qui peuvent être réunis[4]. Par contre, si on a
affaire à *cordonnier* et à *bon*, on ne peut plus dire *bon cordonnier*[5]. Admettre, en effet, que la vérité de chaque prédicat

1. On pourrait croire que l'interrogation dialectique, devant être une, est
celle qui porte sur l'essence, où l'unité de la chose est réalisée, et non pas celle
qui porte sur les attributs, nécessairement multiples et où l'unité résulte de la
composition. Aristote soutient que c'est inexact, pour la raison que l'interrogation portant sur la nature d'une chose ne laisse à l'adversaire aucune option
(par exemple, *qu'est-ce que l'homme?*). La véritable interrogation dialectique
est celle qui, une fois la définition de l'homme posée, demande si c'est ou non la
définition qui lui convient. Cf. *Anal. post.*, I, 14, 79 *a* 29. Voir aussi Pacius, II,
93, qui traduit d'ailleurs presque littéralement Ammonius, 203, 5-20: *sed
ipsum opponentem debere definire, deinde interrogare an ea sit definitio,
veluti, estne homo animal rationale mortale, an non? aut, animal rationale
mortale, estne definitio hominis, an non?*

2. *Id est: quinam sunt hi casus differentes quibus modo licet, modo non
licet attributa conjungere?* (Pacius, II, 93).

3. L'unité est ici celle de la définition.

4. L'unité est toutefois ici moins forte que dans l'exemple précédent, car
l'union est celle d'une substance et d'une qualité accidentelle.

5. Si on dit par exemple *Socrate est cordonnier, Socrate est bon*, on ne peut
pas unir les prédicats et dire *Socrate est bon cordonnier*. Cf. *Soph. Elench.*, 20,
177 *b* 14.

séparé doit entraîner celle du prédicat composé conduirait
à bien des absurdités. Par exemple, de l'homme il est vrai
d'affirmer l'homme et le blanc, et par suite le prédicat total[1].
Si, à son tour, on lui attribue le blanc, il y aura le blanc *et* le
prédicat total, ce qui donnera *homme-blanc-blanc*, et ainsi de
suite à l'infini[2]. Ainsi encore pour *musicien, blanc* et *se* **40**
*promenant*, et l'on pourra multiplier les combinaisons de ces **21 *a***
attributs[3]. De même <nous pouvons dire que> si Socrate
est *Socrate* et *homme*, il est aussi *Socrate-homme*, ou que
si Socrate est *homme* et *bipède*, il est aussi *homme-bipède*[4].
– Affirmer, par suite, d'une manière absolue[5], que les combi- **5**
naisons de prédicats sont toujours possibles, c'est évidemment
tomber dans de multiples absurdités.

Disons maintenant quel principe il convient de poser ici[6].

Parmi les prédicats et les termes dont on peut affirmer
quelque chose[7], tous ceux qui sont attribués par accident soit

---

1. Savoir, *homme-blanc*.

2. Ce qui est une tautologie pure et simple.

3. *Socrates musicus, Socrates albus, Socrates ambulans*. Donc Socrate est
*musicus-albus-ambulans*. À ce prédicat composé, on peut de nouveau ajouter
*musicus*, ce qui donne *musicus-albus-ambulans-musicus*; et ainsi de suite.
– L. 2, avec Ammonius, Waitz et Edghill, nous supprimons εἰς ἄπειρον.

4. De ces deux derniers exemples, il résulte que la tautologie peut être non
seulement dans les mots, mais dans les choses : dire que Socrate est homme,
c'est dire qu'il est bipède. Il est aussi absurde de dire que Socrate est homme-
bipède que de dire qu'il est blanc-blanc.

5. Sur ἁπλῶς, cf. *supra*, 1, 16 *a* 18, note.

6. Autrement dit : disons quand il est possible ou non d'unir des prédicats
séparés.

7. C'est-à-dire les sujets. Bien qu'il soit surtout question des prédicats, la
solution s'applique aussi aux sujets.

au même sujet[1], soit l'un à l'autre[2], ceux-là ne pourront pas
10 former une unité. Soit, par exemple, *l'homme est blanc et
musicien* : le blanc et le musicien ne peuvent pas former une
chose une, car c'est seulement par accident qu'ils appartiennent tous les deux au même sujet. Et même s'il était vrai de dire
que le blanc est musicien, les termes *musicien* et *blanc* ne for-
meraient cependant pas une chose une, car c'est par accident
que le musicien est blanc, de sorte que les termes *blanc* et
*musicien* ne se combineront pas pour former une chose une.
– C'est aussi pourquoi on ne peut pas dire, d'une manière abso-
15 lue, *bon-cordonnier*, tandis qu'on peut dire *animal-bipède*,
car, dans ce dernier cas, l'attribution n'a pas lieu par accident.
– De même, ce n'est pas non plus possible pour les prédicats
dont l'un est contenu dans l'autre[3]. Ainsi on ne peut ni combi-
ner le blanc plusieurs fois, ni appeler l'homme *homme-animal*
ou *homme-bipède*, car *animal* et *bipède* sont contenus dans
*homme*.

Par contre, ce qu'il est vrai d'affirmer d'une chose
particulière peut l'être aussi au sens absolu[4] : par exemple, on

---

1. Le *blanc* et le *musicien*, à l'*homme*, par exemple (cf. l. 10.).

2. Le *blanc*, au *musicien* (l. 12).

3. Cf. *supra*, l. 20 *b* 40, pour la tautologie expresse, et l. 21 *a* 2 pour la
tautologie tacite.

4. Aristote examine maintenant si, inversement, et dans quels cas, on peut
argumenter *a conjunctis ad divisa* : a-t-on le droit de séparer des attributs composés et de dire, par exemple, *est homo albus, ergo est homo* ? Le terme attribué
*de aliquo*, c'est-à-dire, explique Pacius, II, 94, *cum aliquo adjuncto* (tel homme,
Socrate, par exemple), peut, en règle générale, être aussi attribué *simpliciter*,
c'est-à-dire *dempto illo adjuncto*, ou comme dit Ammonius, 210, 29, ἄνευ τῆς
προσθήκης : par exemple, Aristarque est non seulement un homme grammairien mais encore il est ἁπλῶς homme et ἁπλῶς grammairien. Mais cette
attribution *simpliciter* devient impossible quand l'analyse du terme composé

peut dire de tel homme déterminé qu'il est homme, ou de tel [20] homme blanc, qu'il est homme blanc. Ce n'est cependant pas toujours possible : c'est quand, par exemple, dans le terme ajouté, est contenu quelque chose d'opposé qui emporte contradiction. Ainsi il n'est pas vrai, il est même faux de dire qu'un homme mort est homme. Mais si le terme ajouté ne contient rien de pareil [1], l'attribution est valable. – Ne serait-ce pas plutôt [2] que la présence < d'une contradiction > dans le terme rend toujours l'attribution incorrecte, tandis que son absence ne la rend pas toujours vraie ? Soit la proposition [25] *Homère est telle chose*, par exemple poète. S'ensuit-il ou non qu'Homère existe ? C'est seulement par accident que le verbe *est* est affirmé d'Homère, l'affirmation de *est* exprimant uniquement qu'Homère est poète et nullement qu'il est, au sens absolu.

Ainsi c'est seulement dans ces prédications, qui ne recèlent en elles aucune contradiction quand on remplace les

(*homme mort*, selon l'exemple d'Aristote *infra*) révèle dans le terme ajouté (*mort*) un élément contraire à la nature même du premier terme (*homme*) : l'homme est par essence un vivant, et un homme mort n'est pas un homme.

1. Comme dans le premier exemple : tel homme est homme.

2. La distinction qui précède pourrait faire croire que l'attribution d'un terme séparé est valable, et qu'il est possible par suite d'argumenter *de conjunctis ad divisa*, toutes les fois que le second terme ne contredit pas l'essence du premier. Aristote tient à préciser que cela n'est absolument vrai que dans les cas où l'attribution se fait *per se*, comme quand on dit que tel homme est homme. Si elle se fait *per accidens* (*Homère est un poète* ; le terme *est* n'est dit d'Homère que par accident, *merito poetae*), ce n'est plus possible : de ce que Homère est un poète, on ne peut conclure qu'il *est* au sens propre. Cf. Waitz, I, 355 : *si dicitur Homerus est poetae, duo sunt quae de Homero praedicantur, « est » et « poeta », neque tamen illud nudum de eo praedicatur, sed non nisi quatenus poeta esse dicitur.* Voir aussi saint Thomas (Cajetan), II, l. VII, 76.

30 noms par des définitions et où l'attribution se fait selon
l'essence et non par accident, qu'on aura le droit d'affirmer un
prédicat du sujet singulier, d'une façon absolue. – Quant au
non-être[1], il n'est pas vrai de dire que puisqu'il est objet
d'opinion, il est : en effet, l'opinion qui porte sur lui est, non
pas qu'il est, mais qu'il n'est pas.

## 12
### < L'opposition des propositions modales[2] >

Ces distinctions étant faites, il faut examiner la façon dont
35 se comportent entre elles les négations et les affirmations qui

1. Aristote va au-devant de l'objection sophistique suivante. *Non ens est
opinabile, ergo non ens est*. Mais le verbe *être* est dit du non-être, non par soi
mais par accident, à savoir *merito opinabilis*.

2. Sur la théorie des propositions modales, dont la difficulté est célèbre
(c'est la *crux logicorum*), on peut consulter encore utilement, mais avec
précaution A. Rondelet, *Théorie logique des propositions modales*, 1861. Nous
y avons nous-même consacré un certain nombre de pages dans notre *Traité de
Logique formelle*, p. 135 et *ss*. On pourra aussi se reporter à Hamelin, *Le
Système d'Aristote*, p. 192 et *ss*.

La proposition modale, qui s'oppose à la proposition simple ou *de inesse*,
s'analyse en deux éléments : le *modus*, qui énonce la modalité de l'attribution,
et le *dictum*, qui a pour objet l'attribution du prédicat au sujet. Il en résulte que
toute proposition modale se résout en deux propositions *de inesse*, l'une relative
au mode, et l'autre relative à l'objet, la première portant un jugement sur la
seconde.

Sur la figuration et la symbolisation des modales dans la logique postérieure, cf. notre *Traité*, p. 139 et *ss*. On a convenu de représenter les modales par
les voyelles A (*modus* affirmatif et *dictum* affirmatif), E (*modus* affirmatif et
*dictum* négatif), I (*modus* négatif et *dictum* positif), U (*modus* négatif et *dictum*
négatif). D'où les vers mnémotechniques de saint Thomas :

Destruit U totum, sed A confirmat utrumque.
Destruit E dictum, destruit I que modum.

expriment le possible et le non-possible, le contingent et le non-continent, et enfin l'impossible et le nécessaire[1]. La question présente, en effet, certaines difficultés.

Nous admettons que, parmi les expressions composées[2], celles qui s'opposent entre elles comme des contradictoires sont celles qui se correspondent l'une l'autre par le verbe *est* ou le verbe *n'est pas*. Par exemple, *l'homme est* a pour négation **21 b** *l'homme n'est pas*, et non pas *le non-homme est*; et *l'homme est blanc* a pour négation *l'homme n'est pas blanc*, et non pas *l'homme est non-blanc* : en effet, puisque l'affirmation ou la négation est vraie de n'importe quel sujet, il s'ensuivrait qu'on pourrait dire que le bois est l'homme non-blanc[3]. **5**

---

Fonseca, logicien du XVIIe siècle, a proposé cet autre distique plus bref :
*E dictum negat I que modum*
*Nihil A sed U totum.*

1. Le possible (τὸ δυνατόν) et le non-possible (τὸ μὴ δυνατόν) est ce qui peut être ou n'être pas. – Le contingent (τὸ ἐνδεχόμενον) et le non-contingent (τὸ μὴ ἐνδεχόμενον) se distinguent difficilement du possible et du non-possible. Sur ce point, cf. Waitz, I, 375-377, et, *contra*, Hamelin, *Le Système d'Aristote*, 193. – L'impossible (τὸ αδυνατόν) et le nécessaire (τὸ ἀναγκαῖον).

2. En ce qui concerne les propositions *de inesse*. – Le problème à résoudre est de savoir si, dans les propositions modales, la négation doit porter sur le *modus* ou sur le verbe du *dictum*. Aristote va démontrer que, contrairement à ce qu'on pourrait inférer de ce qui se passe dans les propositions *de inesse*, c'est sur le *modus* et non sur le *dictum* que doit porter la négation. Il commence par examiner le cas des propositions *de inesse de secundo adjacente* (*l'homme est*, l. 21 *b* 1), puis *de tertio adjacente* (*l'homme est blanc*, l. *b* 2), puis de *secundo adjacente ex verbo adjectivo* (l. 5-10).

L. 38, εἰ γάρ : cette protase n'appelle aucune apodose. Nous avons dû, en raison du sens, découper la phrase qui suit.

3. Toute affirmation ou toute négation est, l'une ou l'autre, vraie de n'importe quel sujet. Par exemple, l'affirmation *le morceau de bois est un homme blanc* est fausse. Mais si la négation de *l'homme est blanc* était *l'homme*

S'il en est bien ainsi, ce sera aussi le cas des propositions
où le verbe *est* n'est pas ajouté : le verbe qui prend sa place
remplira alors le même office. Ainsi *l'homme se promène* aura
pour négation, non pas *le non-homme se promène*, mais
*l'homme ne se promène pas*. Il n'y a, en effet, aucune différence entre dire *l'homme se promène* et dire *l'homme est se
promenant*[1].

10        Par conséquent, si les choses se passent ainsi dans tous les
cas[2], *il est possible que cela soit* devrait avoir pour négation *il
est possible que cela ne soit pas*, et non *il n'est pas possible que
cela soit*. Mais il semble bien que la même chose puisse
indifféremment être ou ne pas être : tout ce qui peut être coupé
ou se promener peut aussi ne pas être coupé ou ne pas se promener, et la raison en est que tout ce qui est ainsi[3] en puissance

---

*est non-blanc*, il s'ensuivrait cette conséquence manifestement absurde que la
négation vraie de l'affirmation fausse *le morceau de bois est un homme blanc*
serait *le morceau de bois est un homme non-blanc*, alors que la véritable
négation vraie est en réalité *le morceau de bois n'est pas un homme blanc*.

1. Si donc la négation de *l'homme est se promenant* est *l'homme n'est pas
se promenant*, la négation de *l'homme se promène* est bien *l'homme ne se
promène pas*. – L. 5, εἰ δὲ τοῦτο οὕτως = εἰ δὲ αὗται ἀλλήλαις ἀντί-
κεινται ὅσαι κατὰ τὸ εἶναι καὶ μὴ εἶναι τάττονται.

2. Aussi bien dans les propositions modales que dans les propositions *de
inesse*. - Le raisonnement général d'Aristote (l. 10 *ad finem*) est le suivant. Il
semble qu'on devrait appliquer aux modales ce qui vient d'être dit des propositions *de inesse* et conclure que la négation (autrement dit, la contradictoire)
doit porter sur le verbe *être* du *dictum* : on aurait donc, *il peut être, il peut ne pas
être*. Mais c'est une erreur. En effet, des contradictoires ne peuvent être vraies
en même temps. Or les propositions *il peut être* et *il peut ne pas être* peuvent être
vraies l'une et l'autre, en vertu de la définition même du possible ; elles ne sont
donc pas contradictoires. La contradictoire de *il peut être* est donc *il ne peut pas
être*, la négation portant sur le *modus* et non sur le *dictum*.

3. οὕτως, *de la façon que nous venons de dire*, savoir apte à recevoir les
contraires. – Sur la notion de *puissance*, cf. Bonitz, *Index arist.*, 206 *a* 32 ; *de*

n'est pas toujours en acte, de sorte que la négation lui appar- **15** tiendra aussi, car ce qui est capable de se promener peut aussi ne pas se promener, et ce qui est capable de voir peut aussi ne pas voir. Toutefois il est impossible que des propositions opposées[1] soient vraies du même sujet : *il est possible que cela soit* n'a donc pas pour négation *il est possible que cela ne soit pas*. Il découle, en effet, de ce que nous avons dit, ou bien qu'on ne peut pas en même temps affirmer et nier le même **20** prédicat du même sujet, ou bien que ce n'est pas l'adjonction des verbes *est* ou *n'est pas* qui contribue à former les propositions affirmatives ou négatives. Or s'il est vrai que la première conséquence est inadmissible, c'est donc la seconde qu'il faut choisir[2].

Ainsi, la négation de *il est possible que cela soit*, c'est *il n'est pas possible que cela soit*. Le raisonnement est le même pour *il est contingent que cela soit*, qui, en effet, a pour négation *il n'est pas contingent que cela soit*. Les autres proposi- **25** tions se comportent aussi de la même façon, celles par exemple qui portent sur le nécessaire et l'impossible. Cela se passe, en effet, comme dans les propositions que nous avons étudiées

---

*Coelo*, I, 12, 282 *a* 5 ; *de Gen. et Corr.*, I, 2, 316 *a* 15, et les notes de notre traduction, p. 14 ; *Métaph.*, Θ tout entier, et notamment la définition du possible, 3, 1047 *a* 24-26, t. II, p. 31 [2004, p. 46] de notre traduction. (Sur cette définition du possible, cf. Bonitz, *Métaph.*, 387, et Ross, *Métaph.*, II, 245.)

1. Opposées comme contradictoires.

2. Conclusion : ce n'est donc pas l'adjonction de la négation au verbe du *dictum* qui peut former la contradictoire d'une modale, c'est l'adjonction de la négation au verbe du *modus*. Dans le paragraphe qui suit, Aristote étend son raisonnement à toutes les autres modales.

plus haut [1] où les verbes *est* et *n'est pas* étaient ajoutés dans des propositions qui traitaient l'une du blanc, l'autre, de l'homme : de même ici, *que cela soit* et *que cela ne soit pas* jouent le rôle
30 de sujet du discours, et les expressions *il est possible* et *il est contingent* sont ajoutées et déterminent (de la même façon que plus haut les verbes *est* et *n'est pas* en ce qui concerne le vrai et le faux) la possibilité ou la non-possibilité d'une chose.

*Il est possible que cela ne soit pas* n'a pas pour négation *il n'est pas possible que cela soit*, mais *il n'est pas possible que cela ne soit pas*, et la négation de *il est possible que cela soit* n'est pas *il est possible que cela ne soit pas*, mais *il n'est pas*
35 *possible que cela soit*. Aussi paraît-il y avoir corrélation entre les propositions *il est possible que cela soit* et *il est possible que cela ne soit pas* [2] : la même chose, en effet, peut bien *être* et *ne pas être*, puisque de pareilles propositions [telles que il est *possible que cela soit* et *il est possible que cela ne soit pas*] ne sont pas contradictoires entre elles [3]. Par contre, les proposi-

---

1. C'est-à-dire dans les propositions *de inesse de tertio adjacente*, du type *l'homme est blanc*, étudiées *supra*, l. 21 *b* 2. – Dans ces propositions où il s'agissait (τὰ δ᾽ ὑποκείμενα πράγματα, l. 27-28 = *res subjectae tractationi et scientiae de quibus agitur*, Pacius, II, 98) du blanc ou de l'homme, le verbe *est* ou *n'est pas* était un *addimentum*, unissant le prédicat au sujet en vue de déterminer le vrai ou le faux ; de même dans les modales, le *dictum* (*que cela soit*, *que cela ne soit pas*) est la *res subjecta*, et le *modus* (*il est possible*, *il est contingent*) est l'*addimentum*, le verbe, chargé de déterminer, non plus le vrai et le faux, mais la possibilité, ou la non-possibilité, ou la nécessité, etc. du *dictum*. (Sur le rôle du verbe et du prédicat dans la proposition, cf. *supra*, 3, *init.*, note).

2. Après ἀλλήλαις, l. 35, Waitz, I, 358, supprime αἱ τοῦ … μὴ εἶναι. Mais ses raisons ne nous semblent pas décisives, et il est préférable de maintenir ces mots. Aristote est volontiers *verbosus*. Par contre, l. 36, c'est à bon droit que Waitz supprime ce que nous avons laissé entre crochets.

3. Ces propositions peuvent donc être vraies l'une et l'autre.

tions il *est possible que cela soit* et *il n'est pas possible que cela soit* ne sont jamais vraies en même temps du même sujet, car elles sont opposées[1] ; pas davantage les propositions *il est* 22 *a* *possible que cela ne soit pas* et *il n'est pas possible que cela ne soit pas* ne sont jamais vraies en même temps du même sujet.

Pareillement, *il est nécessaire que cela soit* n'a pas pour négation *il est nécessaire que cela ne soit pas*, mais *il n'est pas nécessaire que cela soit*; la négation de *il est nécessaire que* 5 *cela ne soit pas* est *il n'est pas nécessaire que cela ne soit pas.* – Et aussi, *il est impossible que cela soit* n'a pas pour négation *il est impossible que cela ne soit pas*, mais *il n'est pas impossible que cela soit*; la négation de *il est impossible que cela ne soit pas* est *il n'est pas impossible que cela ne soit pas.*

D'une façon générale, comme nous l'avons dit, les expressions *que cela soit* et *que cela ne soit pas* doivent être posées comme matière du discours; quant aux modalités en question[2] qui font l'affirmation et la négation, on doit les joindre à *que cela soit* et *que cela ne soit pas.* 10

Nous devons considérer les couples suivants comme des propositions opposées[3] :

*Il est possible. – Il n'est pas possible.*
*Il est contingent. – Il n'est pas contingent.*
*Il est impossible. – Il n'est pas impossible.*
*Il est nécessaire. – Il n'est pas nécessaire.*
*Il est vrai. – Il n'est pas vrai*[4].

1. À titre de contradictoires.
2. Tel est le sens de ταῦτα, l. 10.
3. Opposées comme contradictoires.
4. Sur cette dernière opposition, cf. Waitz, I, 358 : *haec addit quia quod verum est in dicendo, id recte dicitur esse, quod falsum non esse.*

### 13
#### < *La consécution des Modales* >

Les consécutions se font régulièrement quand on dispose
15 de la façon suivante les propositions. En effet, de la proposition *il est possible que cela soit*[1], il suit *il est contingent que
cela soit* (proposition qui se réciproque avec la première[2]),
ainsi que *il n'est pas impossible que cela soit* et *il n'est pas
nécessaire que cela soit*. – De la proposition *il est possible que
cela ne soit pas*, ou *il est contingent que cela ne soit pas*, il suit
*il n'est pas nécessaire que cela ne soit pas* et *il n'est pas
impossible que cela ne soit pas*. – De la proposition *il n'est pas
possible que cela soit*, ou *il n'est pas contingent que cela soit*, il
20 suit *il est nécessaire que cela ne soit pas* et *il est impossible que
cela soit*. – Enfin de la proposition *il n'est pas possible que cela
ne soit pas*, ou *il n'est pas contingent que cela ne soit pas*, il suit
*il est nécessaire que cela soit* et *il est impossible que cela ne
soit pas*.

---

1. Premier tableau de consécution. Dans ce paragraphe (l. 14-23), Aristote
classe et engendre les quatre ordres des seize propositions modales, suivant que
leur *modus* et leur *dictum* est affirmatif ou négatif. Nous les retrouverons dans le
tableau qui suit (l. 23-30), avec une légère différence, vraisemblablement invo-
lontaire et accidentelle (sur ce point, cf. Rondelet, *op. cit.*, p. 31-32).

Avec Waitz et Edghill, il faut lire δυνατώ (et non δυνατόν), l. *a* 15, 17, 19,
20, 24, 36, *b* 18 et 24, et ἐνδεχομένώ (et non ἐνδεχομένόν) l. *a* 17, 19 et 21. Le
sens d'ailleurs n'en est pas altéré.

2. Le contingent et le possible sont équipollents. Dans tout ce qui suivra, la
seconde proposition de chaque ordre se réduit donc à la première, et Aristote ne
manquera pas de l'indiquer.

Considérons à l'aide de la table ci-dessous ce que nous venons de dire [1] :

| < I<sup>er</sup> ordre > | < III<sup>e</sup> ordre > | |
|---|---|---|
| <1> *Il est possible que cela soit.* | <1> *Il n'est pas possible que cela soit.* | |
| <2> *Il est contingent que cela soit.* | <2> *Il n'est pas contingent que cela soit.* | **25** |
| <3> *Il n'est pas impossible que cela soit.* | <3> *Il est impossible que cela soit.* | |
| <4> *Il n'est pas nécessaire que cela soit.* | <4> *Il est nécessaire que cela ne soit pas.* | |

| < II<sup>e</sup> ordre > | < IV<sup>e</sup> ordre > | |
|---|---|---|
| <1> *Il est possible que cela ne soit pas.* | <1> *Il n'est pas possible que cela ne soit pas.* | |
| <2> *Il est contingent que cela ne soit pas.* | <2> *Il n'est pas contingent que cela ne soit pas.* | |
| <3> *Il n'est pas impossible que cela ne soit pas.* | <3> *Il est impossible que cela ne soit pas.* | **30** |
| <4> *Il n'est pas nécessaire que cela ne soit pas.* | <4> *Il est nécessaire que cela soit.* | |

---

1. Second tableau de consécution, qui, en fait, résume ce qui précède. – On remarquera que dans ce tableau, tel qu'il est disposé, le 3ᵉ ordre en face du 1ᵉʳ, et le 4ᵉ en face du 2ᵉ, toutes les propositions qui sont en face l'une de l'autre sont contradictoires, *exception faite pour les propositions 4 des 1ᵉʳ et 3ᵉ ordres.* C'est là une anomalie qui sera corrigée ultérieurement, l. *b* 10-28. Pacius, II, 99, auquel il convient de se reporter principalement pour l'intelligence de cette difficile théorie, estime que ce n'est pas là une erreur d'Aristote, mais seulement l'exposé des doctrines de logiciens antérieurs; ce n'est qu'à partir de 22 *b* 10 que le Stagirite propose sa propre manière de voir.

Les propositions *il est impossible que cela soit* et *il n'est pas impossible que cela soit* sont consécutives aux propositions *il est possible que cela soit* ou *il est contingent que cela soit*, *il n'est pas possible que cela soit* ou *il n'est pas contingent que cela soit*[1]. Cette consécution se fait de contradictoires à contradictoires, mais par inversion : en effet, à la proposition

35 *il est possible que cela soit* suit la négative de la proposition *il est impossible que cela soit*, et à la négative l'affirmative, puisque de la proposition *il n'est pas possible que cela soit* suit *il est impossible que cela soit*, car *il est impossible que cela soit* est une affirmative, et *il n'est pas impossible que cela soit* une négative.

Il faut voir maintenant comment se comporte le mode du nécessaire[2]. Il est clair < dira-t-on > que ce n'est pas de la

---

1. Consécution de l'impossible à partir du possible. – Cette consécution se fait *a)* *contradictorie* (ἀντιφατικῶς), c'est-à-dire que les deux propositions portant sur l'impossible ($I_3$ et $III_3$), contradictoires entre elles, sont consécutives aux deux propositions portant sur le possible ou le contingent ($I_{1,2}$ et $III_{1,2}$) semblablement contradictoires entre elles ; *b)* *vice-versa* (ἀντεστραμμένως), c'est-à-dire, ainsi qu'Aristote l'explique dans les lignes qui suivent, la négation suit de l'affirmation, et l'affirmation, de la négation. – Aristote a pris ses exemples dans les $I^{er}$ et $III^e$ ordres : on pourrait en prendre aussi dans les $II^e$ et $IV^e$.

2. Consécution du nécessaire. – Aristote va d'abord raisonner (l. 38-22 *b* 10) sur le tableau précédent, lequel, rappelons-le, est inexact. La rectification se fera plus tard, l. 22 *b* 10 et *ss*.

La consécution ne se fait plus *contradictorie*, comme pour le possible et l'impossible, mais *contrarie*. Les deux propositions portant sur le nécessaire ($I_4$ et $III_4$ ou $II_4$ et $IV_4$) suivent bien toujours des propositions contradictoires portant sur le possible et le contingent ($I_{1,2}$ et $III_{1,2}$ ou $II_{1,2}$ et $IV_{1,2}$), mais, bien qu'en face l'une de l'autre, elles ne sont pas elles-mêmes contradictoires entre elles, elles sont seulement contraires entre elles. Il s'agit au surplus d'une contrariété *voce*, car, rentrant dans un même genre (le genre des modales), *plurimum inter se distant* (leur *modus* et leur *dictum* sont inversement affir-

façon que nous venons d'exposer : ce sont les contraires qui seraient ici consécutives <aux contradictoires du possible et du contingent>, tandis que les contradictoires seraient séparées l'une de l'autre. En effet, la proposition *il n'est pas nécessaire que cela soit* n'est pas la négation[1] de *il est nécessaire que cela ne soit pas*, car ces deux propositions **22 b** peuvent être vraies l'une et l'autre du même sujet, puisque quand il est nécessaire qu'une chose ne soit pas, il n'est pas nécessaire qu'elle soit. La raison[2] <ajoute-t-on> pour laquelle le nécessaire ne suit pas les mêmes règles de consécution que les autres modes, est que, énoncé d'une façon contraire, *il est impossible* est équipollent à *il est nécessaire*, car s'il est impossible qu'une chose soit, il est nécessaire, non **5** pas qu'elle soit, mais qu'elle ne soit pas, et s'il est impossible qu'elle ne soit pas, il est nécessaire qu'elle soit. Il en résulterait que si les modales de l'impossible et du non-impossible sont

matifs et négatifs) ; mais il n'y a pas contrariété *in re*, puisque (*infra*, l. 39 *b* 2) elles peuvent être vraies l'une et l'autre. Les véritables contraires, autrement dit les contradictoires, ne sont pas ici en face l'une de l'autre (*e regione*), mais elles sont éloignées l'une de l'autre (χωρίς), en diagonale : I 4 - IV 4 et II 4 - III 4.

1. C'est-à-dire la contradictoire. Les deux propositions I 4 et III 4 peuvent être vraies l'une et l'autre *de eodem*, à la condition toutefois que ce soit *in materia impossibili* : il est nécessaire, par exemple, que la Chimère ne soit pas, il n'est pas nécessaire que la Chimère soit.

2. La raison pour laquelle les anciens logiciens ont cru que la consécution du nécessaire se fait *contrarie* et non *contradictorie*, c'est que le nécessaire et l'impossible sont équipollents quand ils sont ἐναντίως, c'est-à-dire quand les *dicta* sur lesquels ils portent sont contraires en ce que l'un est affirmatif et l'autre négatif. Par conséquent III 3 = III 4 et IV 3 = IV 4. Mais, comme Aristote l'indiquera plus loin, c'était une erreur de poser les propositions nécessaires comme contraires entre elles, alors qu'elles doivent être contraires aux propositions de l'impossible du même ordre qui les précèdent immédiatement.

consécutives, de façon semblable, aux modales du possible et du non-possible, pour les modales du nécessaire et du non-nécessaire c'est de façon contraire que la consécution doit se faire, puisque *il est nécessaire* et *il est impossible* ont une signification qui est non pas identique, mais, comme nous l'avons dit, inverse[1].

10  Ne pourrait-on pas plutôt soutenir[2] qu'il est impossible que les contradictoires du nécessaire se comportent de cette façon? Car, quand il est nécessaire qu'une chose soit, il est aussi possible qu'elle soit (sinon ce serait, en effet, la négation qui suivrait, puisqu'il faut ou affirmer ou nier; si donc la chose

---

1. Mais c'est là une erreur, comme on le verra plus loin. - L. 7, ὁμοίως, *similiter*, c'est-à-dire *eodem modo*, de contradictoires à contradictoires. – L. 8, ταῦτα signifie les modales du nécessaire ou du non-nécessaire, pour lesquelles la consécution se ferait *e contrario* : les contraires *voce* seraient consécutives aux contradictoires non possible-possible. Cf. saint Thomas (Cajetan), II, l. X, p. 85.

2. Troisième tableau de consécution. – Aristote va maintenant exposer, en termes obscurs mais d'une manière décisive (l. 10-28), comment il entend la véritable consécution des modales du nécessaire. Sa rectification se fait en deux temps :

*A. Premier temps* (l. 10-17). C'est à tort qu'on fait figurer dans le I$^{er}$ ordre la modale *il n'est pas nécessaire que cela soit* (I 4). La preuve, c'est que sa présence conduit à une conséquence absurde. En effet, nous savons (chap. 12 *in fine*, et *supra*, 22 $a$ 39) que la contradiction de IV 4 est I 4. Or :

*a)* I 1 suit IV 4 : en effet, ce qui est nécessaire est possible, sinon ce serait la contradiction (la négation, dit Aristote) de I 1, savoir III 1, qui suivrait, attendu que de deux contradictoires l'une est nécessairement vraie, et l'autre, nécessairement fausse. Mais une chose qui n'est pas possible est impossible et ainsi une chose qui doit nécessairement être serait impossible, ce qui est inadmissible ;

*b)* D'autre part, dans la théorie critiquée, I 4 suit I 3, qui suit I 1, puisque ces propositions font partie du même ordre.

Il en résulte que I 4 suit IV 4, sa contradictoire, ce qui est absurde : s'il est nécessaire qu'une chose soit, on ne peut dire qu'il n'est pas nécessaire qu'elle soit.

n'est pas possible elle est impossible, et ainsi il est impossible que soit une chose qui doit nécessairement être, ce qui est absurde). Or de la proposition *il est possible que cela soit* suit *il* 15 *n'est pas impossible que cela soit*, et de cette dernière suit *il n'est pas nécessaire que cela soit*; il en résulte ainsi que ce qui doit nécessairement être n'est pas nécessairement, ce qui est absurde. – De plus[1], de la proposition *il est possible que cela soit* ne suit ni *il est nécessaire que cela soit*, ni *il est nécessaire que cela ne soit pas*. Car de cette proposition < *il est possible que cela soit* > découle une double possibilité[2], tandis que si l'une quelconque des deux autres propositions[3] est vraie, cette double possibilité s'évanouira. Une chose, en effet, peut en 20 même temps être et n'être pas, mais s'il est nécessaire qu'elle soit, ou nécessaire qu'elle ne soit pas[4], elle ne pourra pas à la fois être et ne pas être. Il reste donc que seule la proposition *il n'est pas nécessaire que cela ne soit pas* suit la proposition *il*

---

1. *B. Second temps* (l. 17-28). Aristote poursuit sa démonstration. Par quelle proposition remplacer, dans le Ier ordre, la modale qui n'y doit pas figurer? Aristote va montrer par trois arguments que c'est II 4 (*il n'est pas nécessaire que cela ne soit pas*). Il en résultera, en outre, implicitement, que I 4 prendra la place de II 4.

1er argument (l. 17-23). I 4 n'étant pas à sa place, nous avons trois modales du nécessaire entre lesquelles choisir, II 4, III 4 et IV 4. Or I 1 (*il est possible que cela soit*) implique à la fois affirmation et négation, et toute proposition du Ier ordre, même portant sur le nécessaire, doit présenter la même double possibilité. Mais ni III 4 ni IV 4 ne sont dans ce cas (*il est nécessaire*); reste donc seulement II 4 : *il n'est pas nécessaire que cela ne soit pas* suit bien, en effet, de *il est possible que cela soit*, et à ce titre doit figurer dans le Ier ordre.

2. C'est-à-dire l'affirmation et la négation, être ou ne pas être.

3. III 4 ou IV 4.

4. Ainsi que l'indique manifestement chacune des deux propositions précédentes.

*est possible que cela soit.* – Car cette proposition < *il n'est pas
nécessaire que cela ne soit pas*[1] > est vraie aussi de *il est nécessaire que cela soit.* – En outre[2], cette proposition < *il n'est pas
nécessaire que cela ne soit pas* > est la contradictoire de celle
qui suit de la proposition *il n'est pas possible que cela soit*[3], car

25 de cette dernière suivent *il est impossible que cela soit* et *il est
nécessaire que cela ne soit pas*, proposition dont la négation[4]
est *il n'est pas nécessaire que cela ne soit pas.* – Ainsi la consécution de ces contradictoires[5] se fait, elle aussi, de la façon que
nous avons indiquée[6] et aucune impossibilité ne découle d'une
disposition de ce genre[7].

1. *Second temps* (suite), 2e argument (l. 23-24). Nous avons vu que la présence de I 4 (*il n'est pas nécessaire que cela soit*) aboutit à cette conséquence
absurde que sa contradictoire IV 4 (*il est nécessaire que cela soit*) était vraie en
même temps qu'elle. La transposition opérée par Aristote évite cette absurdité :
II 4 (*il n'est pas nécessaire que cela ne soit pas*) n'est pas la contradictoire de
IV 4 (*il est nécessaire que cela soit*), et peut être vraie en même temps qu'elle
sans difficulté.

2. 3e argument et conclusion (l. 24-28). La transposition d'Aristote présente cet avantage de supprimer le mode spécial de consécution des propositions portant sur le nécessaire (*contrarie*) : la consécution se fait, même dans
ce cas, *contradictorie*, ce qui unifie élégamment la théorie des modales. On
retombe donc dans la règle : deux propositions portant sur le nécessaire, contradictoires entre elles, sont consécutives aux deux propositions portant sur le
possible (ou sur le contingent) semblablement contradictoires entre elles.

3. Savoir II 4 : *il est nécessaire que cela ne soit pas.*

4. C'est-à-dire la contradictoire (II 4 devenue I 4), placée au surplus
*e regione.*

5. Les contradictoires du nécessaire.

6. La façon *contradictorie* et *vice-versa* qui a été indiquée pour les modales
du possible ou de l'impossible.

7. Aucune absurdité, telle que la vérité de deux contradictoires, ne découle
de cette rectification.

Le troisième tableau des consécutions, tel qu'Aristote l'a rectifié, est donc
le suivant :

On pourrait se demander[1] si de la proposition *il est nécessaire que cela soit* suit *il est possible que cela soit*. Sinon, **30** en effet, c'est la contradictoire qui suivra, savoir *il n'est pas possible que cela soit*[2]. – Et si l'on prétend que ce n'est pas là la contradictoire, on devra alors admettre que c'est *il est possible que cela ne soit pas*; or ces deux propositions sont également

| Ier ordre | | IIIe ordre |
|---|---|---|
| A *Il est possible que cela soit.* | I | *Il n'est pas possible que cela soit.* |
| A *Il est contingent que cela soit.* | I | *Il n'est pas contingent que cela soit.* |
| I *Il n'est pas impossible que cela soit.* | A | *Il est impossible que cela soit.* |
| U *Il n'est pas nécessaire que cela ne soit pas.* | E | *Il est nécessaire que cela ne soit pas.* |

| IIe ordre | | IVe ordre |
|---|---|---|
| E *Il est possible que cela ne soit pas.* | U | *Il n'est pas possible que cela ne soit pas.* |
| E *Il est contingent que cela ne soit pas.* | U | *Il n'est pas contingent que cela ne soit pas.* |
| U *Il n'est pas impossible que cela ne soit pas.* | E | *Il est impossible que cela ne soit pas.* |
| I *Il n'est pas nécessaire que cela soit.* | A | *Il est nécessaire que cela soit.* |

On sait que les modales sont représentées par les voyelles A E I U. Les logiciens scolastiques ont réuni les quatre voyelles de chaque ordre dans des mots symboliques qui sont, à leur rang, *AmAbImUs, EdEntUlI, IllAcE, pUrpUrEA*. Mais ils n'ont pas respecté l'ordre d'Aristote, et on dit suivant à leur suite : *Purpurea, Iliace, Amabimus, Edentuli.*

1. Aristote reprend ce qu'il a dit l. 22 *b* 11 *supra*, et il insiste pour mieux prouver que le nécessaire est possible. Il va donner plusieurs arguments en faveur de sa thèse.

2. Première preuve que le nécessaire est possible. C'est l'argument déjà produit l. 22 *b* 11-12. Si on ne veut pas admettre que *il est possible que cela soit* suit *il est nécessaire que cela soit*, on devra admettre que c'est la contradictoire *il n'est pas possible que cela soit*, ce qui est manifestement absurde.

fausses, appliquées à ce qui est nécessairement[1]. – Pourtant il semble bien, en revanche, que la même chose peut être coupée
35 ou non coupée, être ou ne pas être[2], de sorte qu'il en résulterait que ce qui est nécessairement pourrait ne pas être, ce qui est faux. – Mais il est manifeste qu'il n'est pas toujours vrai que ce qui peut, ou être, ou se promener soit aussi, en puissance, les contraires; il y a des cas où cela n'est pas vrai. Tout d'abord, c'est quand il s'agit de ces possibles qui n'ont rien de rationnel[3], par exemple le feu, qui possède la capacité de chauffer, autrement dit une puissance irrationnelle. Les puissances rationnelles sont celles qui sont en puissance de plusieurs
23 *a* effets, c'est-à-dire de contraires, tandis que les puissances irrationnelles ne sont pas toutes dans ce cas[4] : comme je viens de le dire, le feu ne peut pas à la fois chauffer et ne pas chauffer, et il en est de même pour toutes les autres choses qui sont toujours

---

1. *Deuxième preuve.* Allèguera-t-on que la contradictoire de *il est néces-saire que cela soit* est en réalité *il est possible que cela ne soit pas*? Aristote pourrait d'abord faire remarquer qu'il a été démontré, chapitre 12 *supra*, que la contradictoire d'une modale doit porter sur le *modus* et non sur le *dictum*. En tout cas, on n'évite pas l'absurdité : les deux propositions énoncées quelle que soit la contradictoire, elles sont également et manifestement fausses.

2. Une objection peut être adressée à la thèse que le nécessaire est possible, et Aristote s'emploie à la résoudre dans les lignes qui suivent. Ce qui est possible peut être ou n'être pas; or si le nécessaire est possible, il peut n'être pas, ce qui est absurde. La réponse est celle-ci : il est faux de dire que *tout* possible puisse être et n'être pas, et Aristote va opérer les distinctions à établir.

3. Distinction entre les puissances rationnelles et les puissances irrationnelles. Cf. *Métaph.*, Θ, 2. – L. 38, ainsi que le remarque Pacius, II, 104, πρῶτον ne répond à aucun *postea*.

4. Les puissances irrationnelles actives (le feu) ne sont pas en puissance des contraires, à la différence des puissances irrationnelles passives (le bois, qui peut, ou non, être coupé).

en acte. Cependant certaines des puissances irrationnelles[1] sont aussi capables de recevoir en même temps les contraires. Mais ce que nous venons de dire a seulement pour objet de 5 montrer que toute puissance ne reçoit pas les opposés, pas même quand elles répondent à la même notion <du possible[2]>. D'autre part, certaines puissances se disent en un sens équivoque[3]. En effet *possible* n'est pas un terme absolu : tantôt il exprime la réalité en tant qu'elle est en acte, quand on dit par exemple qu'un homme peut se promener parce qu'il se promène en fait, et, d'une façon générale, une chose est possible parce que se trouve déjà réalisé en acte ce qui est affirmé être 10 possible ; tantôt *possible* exprime que la chose pourrait se réaliser, quand on dit par exemple qu'un homme peut se promener parce qu'il pourrait se promener. Cette dernière sorte de

---

1. Les puissances irrationnelles passives.

2. Toute puissance ne reçoit pas les opposés, même quand il s'agit de puissances prises au sens univoque et synonyme, par opposition aux puissances prises au sens homonyme, visées dans les lignes suivantes. - Cf. Waitz, I, 363 : κατὰ τὸ αὐτὸ εἶδος *dicuntur* δυνατά *quae veram et propriam* τοῦ δυνατοῦ *speciem nondum exuerunt*. Le véritable possible est celui qui n'est pas réalisé en acte.

La conclusion est donc, pour le moment : ne reçoivent les contraires que les puissances irrationnelles passives.

3. Aristote passe à une nouvelle distinction de *possible*, terme qui n'est pas toujours pris *univoce* et qui est susceptible de plusieurs sens homonymes : il y a la puissance jointe à l'acte (l'homme qui marche peut marcher) et la puissance séparée de l'acte (l'homme assis peut marcher). Cette dernière sorte de possible, qui est le véritable δυνατόν, n'existe que dans les êtres mobiles, c'est-à-dire périssables, alors que la puissance jointe à l'acte existe aussi dans les êtres immobiles, c'est-à-dire dans les êtres éternels et nécessaires : ce qui est toujours a toujours la puissance d'être (le Soleil, par exemple). Aussi le possible a-t-il une plus large extension que le nécessaire : on ne peut dire que le nécessaire est possible que dans les cas où la puissance est jointe à l'acte. Cf. Waitz, I, 363.

puissance[1] n'appartient qu'aux êtres en mouvement, alors que la première[2] peut exister aussi dans les êtres immobiles. Dans les deux cas, aussi bien pour l'homme qui se promène déjà et est en acte, que pour ce qui en a seulement la puissance, il est vrai de dire qu'il n'est pas impossible qu'un tel être marche ou
15 soit, mais tandis qu'il n'est pas vrai d'affirmer une telle possibilité[3] de la nécessité absolue, nous pouvons l'affirmer de l'autre espèce de nécessité. – Conclusion : puisque du particulier suit l'universel, du nécessaire suit aussi le possible, bien que ce ne soit pas le cas pour tout possible[4].

Et, sans doute, peut-on dire que le nécessaire et le non-nécessaire sont, pour toutes choses, le principe de leur être et de leur non-être, et que tout le reste doit être considéré comme
20 en dérivant. Ce que nous venons de dire montre dès lors clairement que ce qui existe nécessairement est en acte[5] : par suite, si les êtres éternels possèdent l'antériorité, l'acte aussi doit être antérieur à la puissance. Certains êtres ont l'acte sans la puissance, par exemple les substances premières[6]; d'autres ont

---

1. La puissance séparée de l'acte.

2. La puissance jointe à l'acte.

3. La puissance séparée de l'acte. Un tel possible ne peut être affirmé de ce qui est nécessaire absolument, mais peut l'être de ce qui est nécessaire *ex hypothesi* car il sera nécessaire que la chose soit quand elle sera (cf. chap. 9).

4. Le possible contient le nécessaire comme l'universel contient le particulier, ou le genre l'espèce. Mais il n'y a pas coïncidence, et par suite il est faux de dire que tout ce qui est nécessaire est possible.

5. La fin du chapitre est consacrée à l'établissement d'une hiérarchie des modaux par des considérations d'ordre métaphysique.

6. Viennent en premier lieu les actes purs, c'est-à-dire les Substances premières, comme Dieu et les Intelligences des Sphères (cf. *Métaph.*, Λ, 6, et, sur l'antériorité de l'acte, *Métaph.*, Θ, 8, 1050 *b* 3 et *ss.*), autrement dit le nécessaire.

l'acte avec la puissance[1], et ils sont antérieurs par leur nature, mais postérieurs selon le temps; d'autres, enfin, ne sont jamais 25 en acte, mais sont de pures puissances[2].

## 14
### < *La contrariété des propositions*[3] >

La question se pose de savoir si l'affirmation trouve son contraire dans la négation ou dans une autre affirmation[4], si la proposition qui énonce que *tout homme est juste* a pour contraire *nul homme n'est juste*, ou si *tout homme est juste* a pour contraire *tout homme est injuste*. En prenant comme 30

---

1. Viennent en second lieu les φθαρτά où l'acte et la puissance sont unis (cf. *Métaph.*, Θ, 8, 1049 *b* 10-1050 *a* 23) : ils composent le groupe du possible et du contingent.

2. Enfin viennent les pures puissances : la matière première, l'indéfini, le vide… (cf. *Métaph.*, Θ, 6, 1048 *b* 10), qui forment le groupe de l'impossible.

De ces dernières considérations sur la hiérarchie des modales, il résulte un quatrième tableau de consécution, définitif celui-là, et dont Aristote se servira dans les *Analytiques*. Les modales du nécessaire seront placées en tête et seront suivies des modales de la possibilité et de la contingence, puis des modales de l'impossibilité.

Si nous reprenons le troisième tableau des consécutions résumé par *Purpurea, Iliace, Amabimus, Edentuli*, nous devons ainsi mettre en tête de chaque ordre la modale du nécessaire. On obtient une nouvelle distribution des propositions, que le logicien Fonseca a résumée dans les mots mnémotechniques suivants : *sUnt AtAvI* (= *Amabimus*), *quI rEfErUnt* (= *Edentuli*), *vErIdIcA* (= *Iliace*), *ArgUtUlE* (= *Purpurea*).

3. Sur les contraires, cf. *Categ.*, 10 et 11 ; *Métaph.*, I, 4.

4. Autrement dit, comme l'explique Pacius, II, 105 : *utrum affirmatio et negatio ejusdem attributi de eodem subjecto, an affirmationes contrariorum attributorum de eodem subjecto.* – On sait que les contraires sont définis (cf. *Categ.*, 6, 6 *a* 11-18) *quae, cum sint in eodem genere, plurimum inter se distant.*

exemples[1] *Callias est juste*, *Callias n'est pas juste*, *Callias est injuste*, il faut rechercher lesquelles de ces propositions sont des contraires.

Si, en effet, les sons émis par la voix accompagnent ce qui se passe dans l'esprit[2], et si, dans l'esprit, est contraire le jugement qui a un attribut contraire, comme par exemple le jugement que *tout homme est juste* est contraire au jugement
35 *tout homme est injuste*, il doit nécessairement en être de même pour les affirmations prononcées. Par contre, si dans l'esprit, ce n'est pas le jugement à attribut contraire qui est contraire, ce n'est pas non plus l'affirmation qui sera contraire à l'affirmation, ce sera la négation énoncée. Il faut, par conséquent, examiner quel est le jugement vrai qui est contraire au jugement faux : est-ce le jugement dé la négation ou celui qui établit affirmativement le contraire ?

Je prends un exemple. Voici un jugement vrai au sujet
40 du bon, énonçant qu'il est bon ; un autre, qui est faux, énonce qu'il n'est pas bon ; un troisième, enfin, distinct des précé-
23 b dents, qu'il est mal. Lequel de ces deux derniers jugements est contraire à celui qui est le vrai ? Et, puisqu'il n'y a qu'un seul contraire, selon lequel de ces deux jugements y aura-t-il contrariété[3] ? Croire qu'il faille définir les jugements contraires par le fait qu'ils portent sur des choses contraires est

---

1. Mais ces propositions singulières ne sont-elles pas des contradictoires (*supra*, 7, 17 *b* 28) ? Sur cette difficulté, cf. Pacius, II, 105.

2. Cf. *supra*, chap. 1, *init.* - La contrariété des propositions, lesquelles sont l'expression du jugement lui-même, dépend de ce qu'est en lui-même ce jugement. Il faut donc examiner ce qui se passe dans l'esprit. Sur le sens de διάνοια, cf. Bonitz, *Index arist.*, 186 *b* 60.

3. Interprétation de Pacius, I, 112, notes *b* et *c*.

une erreur[1]. En effet, dire du bon qu'il est bon, ou dire du mal qu'il est mal, c'est là sans doute énoncer un seul et même **5** jugement, et exprimer la vérité, que ce soit à plusieurs jugements ou à un seul qu'on ait affaire. Et pourtant les sujets[2] sont ici des contraires. – En fait, ce qui rend les jugements contraires, ce n'est pas qu'ils portent sur des sujets contraires, c'est plutôt qu'ils se comportent d'une façon contraire < sur un même sujet[3] >.

Prenons donc le jugement que le bon est bon, et cet autre qu'il n'est pas bon; admettons aussi qu'il existe quelque autre attribut qui n'appartienne pas et ne puisse appartenir au bon : dans ces conditions, on ne devra poser < comme contraires au jugement vrai > ni les jugements qui attribuent au sujet ce qui **10** ne lui appartient pas, ni ceux qui refusent de lui attribuer ce qui lui appartient (dans les deux cas, en effet, les jugements seront en nombre infini, aussi bien ceux qui attribuent au sujet ce qui ne lui appartient pas que ceux qui ne lui attribuent pas ce qui lui appartient[4]). – En réalité, < seront seulement contraires > les jugements dans lesquels réside l'erreur. Or de pareils juge-

---

1. Les jugements contraires, qui ne peuvent être vrais en même temps, ne sont pas équivalents aux jugements qui portent sur des objets contraires, car ces derniers peuvent être vrais l'un et l'autre au point de n'exprimer qu'une seule et même vérité *specie*, tout en étant divers *numero*.

2. Le bien et le mal.

3. Ainsi, et Aristote va le prouver, la contrariété consiste dans la négation du même attribut, et non dans l'affirmation de l'attribut contraire.

4. *Première preuve.* Les contraires ne sont manifestement pas en nombre infini. Or les qualités qui ne peuvent être attribuées au bien (haïssable, nuisible…) mais qui ne sont pas la négation même de l'attribut, sont en nombre infini, et peuvent donner lieu à des jugements en nombre infini, soit qu'on attribue au sujet ce qui ne lui appartient pas (*le bon est mauvais*), soit qu'on refuse de lui attribuer ce qui lui appartient (*le bon n'est pas désirable*).

ments ont pour origine les choses sujettes à la génération, et, comme c'est entre des opposés que se fait la génération, ainsi en est-il pour l'erreur[1].

15          Cela étant, le bon est à la fois bon et non-mal[2]; la première de ces déterminations lui appartient par essence, et la seconde, seulement par accident, car c'est bien par accident qu'il est non-mal. Mais si le jugement vrai est plus vrai quand il porte sur l'essence même d'un sujet, le jugement faux est alors aussi plus faux. Or le jugement *le bon n'est pas bon* est un jugement faux portant sur ce qui appartient au bon par essence, tandis que le jugement *le bon est mal* porte sur ce qui appartient

1. Seconde preuve. Le raisonnement d'Aristote est très complexe. Il peut se décomposer selon le syllogisme suivant :

Là où il y a erreur (ἀπάτη = *deceptio*), il y a contrariété, car le jugement est alors contraire à la nature de la chose.

Or c'est dans les opposés (dans la négation et l'affirmation d'un même attribut) que réside l'erreur. En effet, l'erreur se produit dans les choses générables (ἐν τοῖς φθαρτοῖς), car l'erreur est la génération d'un jugement faux dans l'esprit; or la génération se fait entre des opposés, car elle un mouvement du non-être à l'être, d'un terme nié à un terme affirmé; c'est donc bien dans les oppositions que réside l'erreur.

Il en résulte que c'est dans les opposés (dans l'affirmation et la négation d'un même attribut) que consiste la contrariété.

2. *Troisième preuve* (l. 15-27). Le raisonnement est clair, et il est bien résumé par Pacius, I, 119, note *q* : *contraria opinio est maxime falsa; opinio negationis est maxime falsa* (car elle est fausse *per se*, et non, comme l'affirmation de l'attribut contraire, *per accidens*); *ergo opinio negationis est contraria*.

Cf. aussi Waitz, I, 364 : *quod per se verum vel falsum est, id magis verum vel falsum est quam quod per aliud : quare quia bonum non est malum propterea quod non est bonum, et enuntiationi « Bonum est bonum », quae per se vera est, falsa opponitur « Bonum non est bonum », enuntiatio « Bonum non est bonum » magis erit falsa quam altera «Bonum est malum »; maxime est autem utique falsum quod veritati contrarium est : contraria igitur enuntiatio, quam quaerimus erit « Bonum non est bonum ».*

au bon par accident. Il en résulte que le jugement qui énonce **20**
la négation du bon sera plus faux que celui qui énonce le
contraire du bon. Mais l'erreur maxima consiste, à l'égard
d'un sujet quelconque, à former le jugement qui est contraire à
la vérité, car les contraires sont ce qu'il y a de plus différent
dans le même genre. Si donc[1] des deux jugements, l'un est
contraire < au jugement vrai > et que celui qui exprime la négation est plus contraire, il est évident que c'est ce dernier qui
sera le contraire < proprement dit >. Quant au jugement *le bon* **25**
*est mal*, ce n'est en réalité qu'une combinaison de jugements,
car sans doute est-il nécessaire de sous-entendre en même
temps *le bon n'est pas bon*[2].

En outre[3], s'il est vrai que, même dans les autres cas[4], les
choses ne peuvent que se comporter d'une façon semblable[5],
alors, dans le cas qui nous occupe, l'exactitude de ce que nous
avons dit pourra sembler assurée, car ou bien c'est partout
que la contrariété réside dans la négation, ou bien ce n'est
nulle part. Or, pour les termes qui n'ont pas de contraires, le

1. L. 23-25, Aristote répond à une objection. Admettons, dira-t-on, que la
négation de l'attribut est la plus contraire; il n'est, en tout cas, pas démontré
que c'est la seule contraire. Aristote répond que le plus contraire est le seul
contraire, le contraire proprement dit.

2. Le jugement *le bon est mal* est contraire seulement par accident; il n'est
contraire qu'en tant qu'il contient le jugement *le bon n'est pas bon*, car dire que
le bon est mal c'est dire implicitement que le bon n'est pas bon.

3. *Quatrième preuve* (l. 27-33). Dans tous les cas où il n'existe pas de
contraires (dans le cas de substances, par exemple : l'homme est une notion qui
n'a pas de contraire. Cf. *Categ.*, 5, 3 *b* 24-27), la contrariété réside dans la négation. Il doit donc en être de même dans les cas où il existe des contraires, car la
règle s'applique toujours ou jamais. Cf. Waitz, I, 364-365.

4. Dans le cas des substances, lesquelles n'ont pas de contraires.

5. C'est-à-dire la contrariété consiste dans la négation.

30 jugement faux est celui qui est le contraire du vrai : par exemple, juger que l'homme n'est pas homme, c'est former un jugement faux. Si donc ces négations sont des contraires, les autres négations le sont aussi.

De plus[1], juger que le bon est bon revient à juger que le non-bon n'est pas bon ; et juger que le bon n'est pas bon, c'est 35 juger aussi que le non-bon est bon. Si donc nous prenons le jugement *le non-bon n'est pas bon* (jugement qui est un jugement vrai), quel sera son contraire ? Ce n'est certes pas le jugement *le non-bon est mal*, car il pourrait être vrai lui aussi, alors qu'un jugement vrai ne peut jamais être contraire[2] à un jugement vrai ; et, en effet, puisqu'il peut arriver qu'une chose qui n'est pas bonne soit mauvaise[3], il en résulte que les deux jugements peuvent être vrais en même temps. Ce n'est pas davantage, à son tour, le jugement *le non-bon n'est pas mal*, attendu qu'il pourrait, lui aussi, être vrai, puisque ces déter-40 minations[4] peuvent coexister. Reste donc que *le non-bon n'est*
24 *a* *pas bon* a pour contraire *le non-bon est bon*, qui, en effet, est un jugement faux. On arrive de la même façon à établir que le jugement *le bon n'est pas bon* est le contraire du jugement *le bon est bon*.

---

1. Cinquième et dernière preuve. Aristote démontre par élimination, en s'appuyant sur la règle que deux propositions contraires ne peuvent être vraies en même temps, que *le non-bon n'est pas bon* ne peut pas avoir d'autre contraire que *le non-bon est bon*.

2. *Eodem tempore.*

3. L'injustice, par exemple.

4. Le non-bon et le non-mal. Un enfant peut être dit non-juste, mais non injuste.

Il n'y aura manifestement aucune différence[1], même si nous prenons l'affirmative universellement; c'est alors l'universelle négative qui sera sa contraire. Par exemple, le juge- 5 ment exprimant que *tout ce qui est bon est bon* aura pour contraire le jugement *rien de ce qui est bon n'est bon*. En effet, le jugement *le bon est bon*, si *bon* est pris universellement, est identique au jugement exprimant que ce qui est bon est bon, et ce dernier ne diffère en rien du jugement que tout ce qui est bon est bon[2]. Même remarque pour les jugements portant sur le non-bon.

Si donc les choses se passent de cette façon pour le 24 *b* jugement, et si les affirmations et les négations proférées par la voix sont les symboles de celles qui sont dans l'esprit[3], il est évident que l'affirmation a pour contraire la négation portant sur le même sujet pris universellement. Ainsi les propositions *tout ce qui est bon est bon* ou *tout homme est bon* ont pour contraires *rien < de ce qui est bon n'est bon >* ou *nul < homme n'est bon >*, et pour contradictoires *quelque bon < n'est pas* 5 *bon >* ou *quelque homme < n'est pas bon >*.

Il est évident aussi que ni un jugement vrai, ni une proposition vraie[4] ne peuvent être contraires à un autre

1. Aristote étend aux propositions universelles prises universellement ce qu'il vient de dire des propositions indéfinies. Cette précision s'imposait, car, chap. 7, 17 *b* 29-37, *supra*, il a été indiqué que les contraires peuvent être vraies en même temps de ces dernières propositions.

2. Comme cela est fréquent, la proposition indéfinie a la signification d'une universelle prise universellement : *l'homme* a le sens de *tout homme*.

3. Cf. chap. 1, *init.*

4. Ammonius, 272, 7, résume l'argumentation d'Aristote dans le syllogisme suivant : τὰ ἐναντία ἀντικείμενα, τὰ ἀντικείμενα ἐπὶ τοῦ αὐτοῦ ἅμα αληθεύειν ἀδύνατον, τὰ ἐναντία ἄρα συναληθεύειν ἀδύνατον.

jugement vrai ou à une autre proposition vraie. En effet, les propositions contraires sont celles qui portent sur les opposés, au lieu que les propositions vraies sont susceptibles d'être vraies en même temps; or les contraires ne peuvent simultanément appartenir au même sujet.

---

Cf. Waitz, I, 365: *contrarie enuntiationes repugnantia praedicant de eodem, enuntiationes veras autem simul asserere licet; quum igitur verae enuntiationes simul pronuntiari possint sine repugnantia, contrariae non simul possint, vera enuntiatio verae non erit contraria.*

L. 7, nous lisons ἀντίφασις, avec Ammonius, 271, 30 et 272, 32, et Waitz, I, 365. – L. 8, ταῦτα δέ = τὰ ἀληθῆ.

# LEXIQUE[1]

## A

τὸ ἀγαθόν, le *bien*, le *bon* (τὸ καλόν a souvent le même sens).

ἀδύνατον, l'*impossible*.

ἀΐδιος, *éternel*.

αἴσθησις, *sensation*; αἰσθάνεσθαι, *percevoir*, *sentir*; τὸ αἰσθητόν, le *sensible*, l'*objet* de la sensation.

αἰτία, αἴτιον, *cause*, *raison*, *motif*; souvent synonyme de ἀρχή.

ἀκολουθεῖν, *suivre*, *être la conséquence de*, *obéir*, *correspondre à*, *accompagner*, *être corrélatif à*.

ἀλλοίωσις, *altération qualitative* (κατὰ ποιόν) du genre κίνησις, (voir ce mot) et se rattachant à μεταβολή (voir aussi ce mot); ἀλλοιοῦσθαι, *être altéré*.

---

1. Les références se rapportent aux notes explicatives, qui fourniront des précisions sur les mots importants. - Pour les détails, nous renvoyons à l'*Index aristotelicus* de Bonitz.

ἅμα, *coexistence, simultanéité*; *en même temps, avec, corrélativement.*

ἀνάγκη, la *nécessité*; ἀναγκαῖον ou ἐξ ἀνάγκης, *nécessaire.*

ἀντίθεσις, *opposition*, genre de ἀντίφασις (*contradiction*), ἐναντίωσις (*contrariété*), πρός τι (*relation*), στέρησις et ἕξις (*privation et possession*); τὰ ἀντικείμενα, les *opposés*, les *propositions opposées*, pris parfois au sens de *contradictoires* (*Categ.*, 10, 11 *b* 15, note 2 et 11 *b* 35); ἀντικεῖσθαι ἀντιφατικῶς, *opposition contradictoire*, distincte de ἀντικεῖσθαι ἐναντίως, *opposition des contraires* (*de Interpr.*, 6, 17 *a* 33, note 2).

ἀντιφασις, *contradiction*. (voir ἀντίθεσις).

ἀνώνυμος, *innommé, qui n'a pas reçu de nom.*

ἀξίωμα, *axiome, conception, placitum.*

ἀόριστος, *indéterminé*; ἀορίστως, *d'une manière indéterminée.*

ἄπειρον, *l'infini, l'illimité*; ἄπ. κατὰ τὴν διαίρεσιν, *infini par division* ou *infini en puissance*, par opposition à l'infini κατὰ τὴν πρόσθεσιν, *infini par addition* ou *en acte*; ἰέναι εἰς ἄπειρον, *procéder à l'infini.*

ἁπλοῦς, *simple*; τὰ ἁπλᾶ, les *natures simples, incomposées*, les *éléments*, synonyme de τὰ ἀδιαίρετα ou τὰ ἀσύνθετα et par opposition aux σύνθετα, *natures composées*; ἁπλῶς, *absolument, sans faire de distinction* (*Categ.*, 5, 3 *b* 18, note 5; *de Interpr.*, 1, 16 *a* 18, note 2).

ἀπόδειξις, *démonstration* proprement dite, par opposition à ἔλεγχος, *réfutation*, raisonnement dialectique qui n'aboutit qu'au vraisemblable.

ἀποδιδόναι, *rendre compte de, expliquer* (*Categ.*, 1, 1 *a* 4, note 3).

ἀπορία, *difficulté, aporie, problème*; διαπορεῖν, *poser un problème*; διαπορῆσαι, le *développer*; εὐπορῆσαι, le *résoudre*.

ἀπόφανσις, λόγος ἀποφαντικός, *discours attributif, judicium, proposition en général*; comprend *l'affirmation* ou *proposition affirmative*, κατάφαρις, et la *négation* ou *proposition négative*, ἀπόφασις (*de Interpr.*, 5, 17 *a* 8, note 3).

ἀπόφασις, *négation* (voir ἀπόφανσις).

ἀριθμός, *nombre*; ἕν ἀριθμῷ, *un numériquement*, par opposition à ἕν εἴδει ou λόγῳ, *un spécifiquement*.

ἀρχή, *principe, commencement, point de départ* (extérieur à la chose).

ἀτελής, *inachevé, incomplet, imparfait*, par opposition à τέλειος.

ἄτομος, *insécable* (la ligne, par exemple); τὰ ἄτομα, les *individus* ou parfois les *infimae species*; ἄτομον εἶδος, *espèce dernière, indivisible* en genre et différence (*Categ.*, 5, 3 *b* 23).

αὔξησις, *accroissement* quantitatif (κατὰ ποσόν), du genre κίνεσις (voir ce mot) et se rattachant à μεταβολὴ (voir ce mot). Par opposition à φθίσις, *diminution* ou *décroissement*.

τὸ αὐτόματον, *casus, spontanéité, hasard*, distinct de τύχη, *fortuna* (*de Interpr.*, 9, 18 *b* 5, note 3).

ὁ αὐτός, τὸ αὐτό, *identique, même*.

ἀφαίρεσις, *retranchement, abstraction,* par opposition à
   πσόσθεσις, *addition*; τὰ ἐξ ἀφαιρέσεως, les *abstrac-
   tions,* les *résultats de l'abstraction,* par opposition à τὰ ἐκ
   προσθέσεως, les *résultats de l'addition,* les *êtres
   physiques.*
ἄφθαρτος, *incorruptible, impérissable.*
ἀχώριστος, *inséparable.*

Γ

γένεσις, la *génération,* le *devenir* (par opposition à φθορά,
   corruption), qui peut être ἁπλῶς (*simpliciter,* κατ'
   οὐσίαν) ou τις (*secundum quid*: ce sera alors l'une des
   espèces de la κίνησις). Voir κίνησις et μεταβολή. –
   γίγνεσθαι, *naître, devenir, arriver, être*; τὸ γιγνόμενον,
   *l'engendré, ce qui devient, se réalise, est produit*; τὰ
   γιγνόμενα, les *faits,* les *événements.*
γένος, *genre,* par opposition à εἶδος, *espèce*; τὰ γένη désigne
   aussi les *genres premiers,* ou *catégories.*
γιγνώσκειν, *connaître,* au sens large; par opposition parfois à
   ἐπίστασθαι, *avoir la connaissance scientifique.*

Δ

δέχεσθαι, *recevoir*; δεκτικός, *apte à recevoir*; τὸ δεκτικὸν,
   le *réceptacle* (des contraires, pour la substance, par
   exemple).
διάγραμμα, *proposition géométrique* (*Categ.,* 12, 14 *b,*
   note 1).
διάθεσις, *disposition* (voir ἕξις).

διαίρεσις, *division*, par opposition à σύνθεσις; διαιρεῖν, *distinguer par analyse*; διαίρετον, *divisible*.

διαλεκτικῶς (voir λογικῶς).

δίανοια, *pensée discursive, actio cogitandi*, par opposition à νοῦς, *pensée intuitive*.

διαπορεῖν, διαπορῆναι (voir ἀπορία).

διαφορά, *différence*; διαφορὰ εἰδοποιός, *différence spécifique*, par opposition à γένος, *genre*.

τὸ διότι, le *pourquoi*, opposé au simple ὅτι, qui constate un *fait*, sans l'expliquer.

δοκεῖ, δοκοῦντα, *il semble bien*; caractérise l'*opinion commune*, ou encore l'opinion d'Aristote lui-même (*Categ.*, 4, 2 *a* 7, note 2).

δόξα, *doctrine, opinion* reposant sur le vraisemblable, *jugement* en général. S'oppose souvent à la *science*, ἐπιστήμη.

δύναμις, *puissance*, par opposition à ἐνέργεια, *acte*; τὸ δυνατόν, le *possible*, synonyme de τὸ ἐνδεχόμενον (*de Interpr.*, 12, 21 *a* 37, note 1).

E

εἶδος, la *forme*, synonyme de μορφή, σχῆμα, λόγος, et opposé à *matière*, ὕλη; *l'espèce*, par opposition à γένος, *genre* (*Categ.*, 8, 10 *a* 11, note 2).

εἶναι, *être, exister*; s'oppose parfois à γίγνεσθαι, *devenir*; τὸ εἶναι, *l'être, l'essence*; τὸ ὄν, *ens, l'être, ce qui existe*; τὸ ... εἶναι, avec un nom au datif (par exemple, τὸ ἀνθρωπω εἶναι), signifie la *quiddité, l'essence* de la chose (*Categ.*, 1, 1 *a* 4, note 1); τὸ τί ἐστι, *l'essence*, τὸ τί ἦν εἶναι, la *quiddité*; ἦν, imparfait de εἶναι, a le sens de *disions-nous* (*Categ.*, 5, 3 *b* 7, note 2).

τὸ καθ᾽ ἕκαστον, *l'individu, l'individuel,* par opposition à τὸ καθόλου, le *général, l'universel.*

τὸ ἐναντίον, le *contraire*; ἐναντίωσις, ἐναντιότης, la *contrariété,* espèce de l'ἀντίθεσις (voir ce mot).

ἐνδεχόμενον, synonyme de δυνατόν (voir ce mot).

τὸ οὗ ἕνεκα, le *ce pourquoi* d'une chose, sa *cause finale.*

ἐνέργεια, *acte,* par opposition à δύναμις; ἐνεργεῖν, *passer à l'acte.*

ἐνυπάρχειν, *exister dans, être immanent à* (voir ὑπάρχειν); τὰ ἐνυπάρχοντα, les *conditions immanentes,* les *éléments composants.*

ἕξις, *habitus, manière d'être, disposition permanente, état;* se distingue de διάθεσις, *disposition passagère,* et de πάθος, *simple accident* (*Categ.*, 6, 6 *a* 33, note 1); signifie encore *possession,* par opposition à στέρησις, *privation.*

ἐπαγωγή, *induction* (*Categ.*, 11, 13 *b* 37, note 2).

ἕπεσθαι, *suivre, être la conséquence de*; τὰ ἑπόμενα, les *choses dérivées,* les *notions secondes*; ἑπομενῶς, d'une *manière dérivée.*

ἐπίπεδον, ἐπιφάνεια, *surface géométrique.*

ἐπιστήμη, *science,* par opposition à la *connaissance vulgaire,* à la δόξα, *simple opinion*; τὸ ἐπιστητόν, le *connaissable, l'objet de science.*

ἑρμηνεία, *interprétation* (*de Interpr.*, introduction, p. 88).

εὐθύς, *immédiatement, sans intermédiaire.*

εὐπορῆσαι (voir ἀπορία).

τὸ ἐφεξῆς, τὸ ἑξῆς, le *consécutif*, le *suivant*; se distingue
du *contact* (ἁφή), du *contigu* (ἐχόμενον) et du *continu*
(συνεχές), notions dont la suivante suppose la précédente.
ἔχειν, *être, se trouver dans tel état* (voir ἕξις); τὰ ἐχόμενα,
les *propriétés dérivées*.

## Θ

θέσις, *position* (réelle ou logique), *donnée*.
θεωρία, *étude, contemplation, science en acte*; ἐπ. θεωρη-
τικη, *science théorétique* qui aboutit à la *connaissance
intuitive*; θεωρεῖν, *exercer la science* dont on a l'ἕξις.
θιγεῖν, *toucher, appréhender immédiatement par l'intuition*
les ἁπλᾶ.

## I

ἴσως, *sans doute*, et, parfois, *peut-être*.

## K

καθ᾽ αὐτό, *par soi, par essence*, par opposition à κατὰ
συμβεβηκός, *par accident*.
τὸ καθόλου, le *général* (voir ἕκαστον).
καὶ a souvent le sens explétif de *c'est-à-dire*.
κατάφασις, *affirmation* (voir ἀπόφανσις).
κατηγορία, *catégorie*, l'un des modes de l'être; κατηγόρημα,
κατηγορούμενον, *prédicat, prédicament*; κατηγορεῖν,
*attribuer un prédicat à un sujet* (Categ., 4, 1 *b* 25, note 2).

κινεῖν, *mouvoir*; κινεῖσθαι, *être en mouvement*; τὸ κινου-
μένον, *le mû, le mobile*; κίνησις, le *mouvement*, du genre
μεταβολή (voir ce mot), avec lequel il se confond parfois.

κρίνειν, *juger, discerner*.

κύριος, *principal, déterminant*; κυρίως, *principalement,
fondamentalement* (*Categ.*, 5, 2 *a* 11, note 3).

## Λ

λέξις, *diction, élocution* (*de Interpr.*, 1, *init.*).

λογικῶς, d'une manière *abstraite*, purement dialectique (sens
souvent péjoratif), par opposition à φυσικῶς, d'une
manière *conforme au réel*. Synonyme de διαλεκτικῶς.

λόγος, *concept, notion, essence* de la chose dans l'esprit;
par suite, *définition* et *forme* (*Categ.*, 1, 1 *a* 2, note 2); au
sens logique, *locution, phrase, sentence, énonciation*
(*de Interpr.*, 4, 16 *b* 26, note 3); *raison, argument, opinion, système*; λογισμός, *raisonnement, calcul réfléchi*.
– Λόγος ἀποφαντικός (voir ἀπόφανσις).

## M

μάθησις, *discipline scientifique, apprentissage, étude*.

μέθοδος, *recherche, via et ratio inquirendi, marche régulière,
discipline, méthode*.

μέρος, *partie*; τὰ ἐν μέρει, τὰ κατὰ μέρος, les choses
*particulières* (notions ou propositions) par opposition aux
*universelles*.

τὸ μέσον, le *moyen terme*, le *milieu* (entre deux contraires, par
exemple); ἡ μεσότης, la *médiété*.

μεταβολή, *changement* en général, comprend le γένεσις
et ses espèces, et la κίνησις et ses espèces (*Categ.*, 14,
15 *a* 14, note 1).

τὸ μεταξύ, *l'intermédiaire*, le *milieu*. Synonyme de μέσον
(voir ce mot).

μορφή (voir εἶδος).

# N

νόησις, *pensée* en général; pensée *intuitive*, par opposition
à διάνοια, pensée *discursive*; νόημα, *concept, idée*;
νοητόν, le *pensable*, l'*intelligible*, l'*objet* de pensée.

νοῦς, *intelligence, Intellect, pensée*; signifie souvent *raison
intuitive*, et s'oppose à διάνοια.

τὸ νῦν, *l'instant*, le *moment présent*; νῦν δέ, *en réalité, en
fait*.

# O

οἰκεῖος, *propre, spécial, approprié* à.

ὁμογενής, *de même genre, homogène*; ὁμοειδής, *de même
espèce, spécifiquement identique*.

ὁμώνυμον, *homonyme*, équivoque, par opposition à συνώνυμον, *synonyme, univoque*, et à παρώνυμον, *paronyme*
(*Categ.*, 1, 1 *a* 1, note 3, 1 *a* 6, note 2 et 1 *a* 11, note 3).

ὄνομα, *nom, sujet* (*de Interpr.*, 2 *a* 19, note 3).

ὅπερ (avec εἶναι), ce qui appartient à *l'essence même de la
chose*, indépendamment des qualités.

ὄργανον, *organe, instrument*.

ὁρισμός, *définition*, expression du λόγος; synonyme de ὁριστικὸς λόφος et de ὅρος, *limite, facteur principal, définition*.

ὅτι (Voir διότι).

οὐσία, *substance* en général. *Substance matérielle*; *substance formelle*; *substance composée*, synonyme de τόδε τι et de χωριστόν (*Categ.*, 5, 2 *a* 11, note 2).

Π

πάθος (Voir ἕξις).

παρώνυμον (Voir ὁμώνυμον).

ποιόν, *quale*, ποιότης, *qualitas*, souvent employés l'un pour l'autre (*Categ.*, 8, 8 *b* 25, note 1).

πολύ, *beaucoup*; ὡς ἐπὶ τὸ πολύ, le *constant, l'habituel, ce qui arrive le plus souvent*, par opposition à ἀεί, *ce qui arrive toujours*, et à συμβεβηκός, *accident*.

ποσόν, ποσότης, la *quantité* (*Categ.*, 6, 4 *b* 20, note 1).

πρόσθεσις, ἐκ προσθέσεως (Voir ἀφαίρεσις).

πρὸς τι, le *relatif*, du genre ἀντίθεσις (voir ce mot).

πρότασις, la *proposition*, en tant que *prémisse d'un syllogisme*.

πρότερον et ὕστερον, *l'antérieur* et le *postérieur, l'avant* et *l'après*.

πρῶτος, *premier*, soit en importance, soit chronologiquement; *prochain* (par exemple, genre prochain); *le plus éloigné* (la cause première); πρώτη οὐσία, *la substance première*, qui n'est pas l'attribut d'une autre chose; τὰ πρῶτα, *les réalités éternelles* (τὰ ἀΐδια) ou *les principes* (ἀρχαί) d'une chose, ou ses *éléments* (στοιχεῖα). – πρώτως,

*immédiatement, primitivement, primordialement, au sens
fondamental et premier (Categ.*, 5, 2 *a* 11, note 3).

πτῶσις, *cas*, au sens grammatical, ou *temps* d'un verbe
(*Categ.*, 1, 1 *a* 14, note 4).

### P

ῥῆμα, *verbe* (*de Interpr.*, 3, 16 *b* 6, note 3).

### Σ

στέρησις, la *privation*, par opposition à ἕξις, et espèce de
l'ἀντίθεσις (voir ce mot).

στοιχεῖον, *l'élément immanent*, par opposition parfois à
ἀρχή, *principe extérieur* à la chose. Sur στοιχεῖα, au sens
géométrique, cf. *Categ.*, 12, 14 *b* 1, note 1.

συμβαίνειν, *arriver, suivre logiquement*; συμβεβηκός, *accident*; συμβεβηκότα καθ' αὐτά (ou πάθη, ὑπάρχοντα),
*attributs essentiels* de la chose.

σύμβολον, *symbole, traduction* (*de Interpr.*, 1, 16 *a* 4, note 2).

συμπέρασμα, *conclusion d'un syllogisme*.

συμπλοκή, *lien, enchaînement, liaison*.

σύνθεσις, *assemblage, composition*; σύνθετα, les choses
*composées*, par opposition aux ἁπλᾶ, *les natures simples*.

σύνολον, le *composé concret* (de forme et de matière).

συνώνυμον (voir ὁμώνυμον).

σχῆμα, synonyme de εἶδος (voir ce mot).

### T

τί ἐστι (voir εἶναι).

τόδε τι, la *chose déterminée, individu concret et séparé*;
   parfois la *forme* (*Categ.*, 2, 1 *b* 3, note 2; 5, 3 *b* 10, note 3).

τύχη, *fortuna* (voir αὐτόματον).

## Y

ὕλη, *matière, sujet*.

ὑπάρχειν, *appartenir à, être, exister*, marque l'attribution;
   ὑπάρχειν ἐν ou ἐνυπάρχειν, *être dans, immanent à*,
   même sens, plus précis; τὰ ὑπάρχοντα, les *propriétés*, les
   *attributs*, les *accidents*.

ὑπόθεσις, *hypothèse*, ce qui sert de *fondement* à une science
   ou à un raisonnement.

ὑποκείμενον, le *sujet*, le *substrat*, siège des contraires; peut
   être *matière, forme* ou σύνολον. Signifie parfois la
   *matière* du raisonnement.

ὑπόληψις, *croyance, jugement, opinion présentant un caractère d'universalité.*

ὕστερον (voir πρότερον).

## Φ

τὸ φαινόμενον, *ce qui apparaît*, les *faits observés*, opposition
   à τὸ ὄν, *ce qui est*.

φάσις simple *énonciation, assertion, affirmation* (en ce
   dernier sens se confond souvent avec κατάφασις).

φθίσις, *diminution, décroissement*, par opposition à αὔξησις
   (voir ce mot).

φθορά, *corruption, destruction*, par opposition à γένεσις (voir
   ce mot).

φορά, *mouvement local* (voir κίνησις et μεταβολή).

# TABLE DES MATIÈRES

Cet ouvrage a été imprimé
en septembre 2014 par

FIRMIN-DIDOT

27650 Mesnil-sur-l'Estrée
N° d'impression : 123851
Dépôt légal : septembre 2014

*Imprimé en France*